東大生と学ぶ語彙力

西岡壱誠 Nishioka Issei

★——ちくまプリマー新書
443

目次 * Contents

はじめに

「頭が良くなりたい！」

「でも、頑張ってもあんまり成績上がらないんだよなー」

そう思ったことはありませんか？


僕はあります。めっちゃあります。なぜなら、僕は小中高ずっと、東大合格者なんていない学校の学年ビリで、赤点ばかり取っている、「勉強できない子」だったからです。「どう頑張って勉強しているはずなのに全然成績が上がらず、友達からはバカにされて。して僕は、こんなに頭の出来が悪いんだろう」と悩んでばかりの学生生活を送っていました。しかし、そんな「学年ビリ」の僕でしたが、高校3年生のある日から、東京大学を目指すことにしたのです。

「勉強ができなくて馬鹿にされてきた人生だったけれど、ここで逆転させよう」

そう思って、東大を目指して必死に勉強を始めたのです。さて、そこでやはり一番の悩みになったのが、「どうすれば成績が上がるのか」ということでした。一念発起して勉強に向き合い、頑張って平日3時間勉強しても、大好きだったゲームと漫画を封印して1週間で50時間勉強しても、あんまり成績が伸びなかったのです。

「なんで自分はこんなに勉強ができないんだ。やっぱり勉強ができるかできないかは、生まれつきの才能なのか?!」と悩んで、僕はある行動に出ました。僕のその当時の実力にはまったく見合っていない、東大受験生しかいないようなめちゃくちゃレベルの高い塾の講習に行き、東大を受験する人はどんな人たちなのか探ってみたのです。

そこで、僕はあることに気づきました。「あ、この人たちと自分とは、そもそも使っている言葉自体が全然違うわ」と。頭のいい人たちは、慣用句も四字熟語も、ことわざも専門用語も、日常会話のレベルからずっと使っていました。

僕はその当時、「すごいね」「おもしろいね」「危ないね」「大変だね」などのニュアンスを伝えたいとき、ぜんぶ「ヤバイね!」と言っていました。でも頭のいい人は、「すごい」一つを取っても、「感銘を受ける」「素敵」「すばらしい」「さすがだ」「驚異的」

「途轍《とてつ》もない」など、いろいろな言葉で表現していたのです。
「もしかして、普段使っている言葉や知っている言葉の量の差が、学力の差になっているんじゃないか」、そう思って観察していくと、自分の仮説は当たっていました。言葉の知識＝語彙力こそが、自分に欠けていたものであり、頭の良さを作る源泉だったのです。
たとえば自分は教科書を読んで勉強していましたが、そもそも教科書の言葉がちゃんとわかっていなかったのです。
社会「この王朝が凋落《ちょうらく》した」
数学「Aという数字が累積した場合」
理科「対照実験を行った」
英語「be willing toは「やぶさかではない」という意味だ」
このような文章を、なんとなくわかっているからと深く考えずに読んでしまっていました。国語だけでなく、英数理社も含めてすべての科目で、語彙力に足を引っ張られていたのです。

また授業中にも、「この問題は典型的だから覚えておいてね」と先生が言ったのに対して、「そういえば典型ってなんだろう？　とにかく重要なんだな」とだけ考え、先生の言った意味が実はわかっていないということが多々ありました。

教科書や普段の授業に登場する言葉の意味をぼんやりとしか理解しておらず、その状態で勉強しているものだから基礎がガタガタで、何時間勉強しても穴の開いたバケツに水を入れるかのように何もうまくいかなかったのです。勝手に自滅していたんですね。

さて、ここで皆さんにも聞いてみましょう。先ほど「語彙力＝頭の良さを作る源泉」とお話ししましたが、この「源泉」ってどういう意味か本当にわかっていますか。源泉とは、「泉のように、物事や考えが発生する源のことで、それがなければそこから先に何も生まれない根幹にあるもののこと」を指す言葉です。これをしっかりと説明できる状態ではないのに、「まあ大体こういう意味だろう」と考えてスルーしていませんでしたか？

東大を受験する人たちや、東大に合格している人たちは、みんなこの語彙力に長《た》けています。言葉をよく知っているだけでなく、漢字の勉強をしっかりしているから「この言葉はこういう意味だろう」という類推もうまく、どんな勉強をしてもどんどん知識を吸収できるのです。

ということで、東大受験者の語彙力の高さに気づいた僕は、各教科の勉強をする前に語彙をたくさん学習しました。小学校の漢字練習帳から勉強して、中学・高校の国語の語彙力の参考書を買って、一生懸命解きました。すると、あんなに上がらなかった成績が一気に上がって、最終的に東大に合格できたのです。

本書は、そんな僕の経験から、「語彙力をつけるにはどうすればいいか」「頭が良くなりたいなら知っておくべき語彙」をご紹介するものです。全体の構成をざっくり説明しますと、PART1では、もっと詳しく語彙力についてお話しします。PART2では、各科目を勉強する前に知っておきたい語彙について説明します。そしてPART3では、実際にもっと語彙力を鍛えるためにはどうすればいいか、実践問題を交えながらご説明します。

また、本書の執筆にあたっては現役の東大生たちにも協力してもらいました。僕が在学中に立ち上げたカルペ・ディエムという会社があり、東大生のメンバーと一緒に教育や勉強に関する講演会や出版活動をしているのですが、そのみんなで考えた企画になります。

自分たちが受験勉強をしていたときに知って役に立った語彙や、受験勉強をする「前」に知っておいてほしいと思う語彙、そもそもどんな力のことを「語彙力」と呼ぶのかなど、相談しながら書いていきました。そのため僕たちの実体験も大いに反映された内容になっています。

そしてもう一つ、本書の特徴として、この本は全体を通して極力簡単な言葉を使って書いています。せっかく「語彙力をつけたい」と思って本書をひらいたみなさんが、立ち止まることなく、最後まで読み通せるような本を目指しました。1冊読み終わったときにはきっと「語彙力がどんなもので、どうやって高めればいいのかわかってきたぞ」という感覚になっていると思います。

語彙力について学校で習う機会はすごく少ないですよね。語彙力ってなんだろう？という授業はあまりありません。つまり、語彙力は、みなさん自身が勉強して鍛えるしかないのです。誰かから教わるのを待っているのではなく、みなさんが自分で、「勉強しよう！」と思わなければ、身に付かないわけです。みなさん、今がその時です。この本を読んで、ぜひ語彙力を身につけてください。

PART1

語彙力はなぜ大事なのか

第1章　語彙力はすべての基礎である

語彙力はランニングと同じ？

「はじめに」で僕は「東大生が優れているのは語彙力なんだ」「語彙力があるから頭が良くなるんだ」という話をしましたね。でも、みなさんの中には「語彙力だけじゃ問題は解けないんじゃない？」「日本語なんだから漢字でもことわざでもある程度は覚えてるよ！」と思っている人も多いと思います。言葉というのは数式などとは違い、普段使っているモノのため、「これが大切です」と言われても「ホント？」と疑ってしまう気持ちはよくわかります。

言ってしまえば、みなさんからすれば早く部活でサッカーがしたいのに、顧問の先生に「サッカーの前には必ずランニングをする必要があるんだ。校庭を3周しろ！」と言われているようなものですよね。「えー、なんでそんな面倒なことしなきゃなんないの？」「早くサッカーしたいよ」と思ってしまうことでしょう。

でもやっぱり、ランニングせずにサッカーをすると、体力がつかなくて後半までいいプレイができなかったり、怪我《けが》してしまったり、マイナスなことになってしまう場合が多いわけです。

これは考えてみれば、当たり前の話なんです。だって、サッカーというのはプレイ中ずっとコートを走っていることになるのです。90分間ほぼ休まずランニングしているようなものですよ。だから、ランニングができない人がサッカーがうまくなるわけがない。

「あいつは全然走れないけど、パス回しはうまいな」

「あいつ、まったく動かないけど、シュートだけはよく決めるよな」

みたいなサッカー選手はいないんですね。

語彙力もまったく同じです。だって、国語以外の科目も含めて、みなさんが勉強するために使っているのは言葉ですよね。理科や社会だって教科書に書いてある言葉を読んで覚えると思いますし、数学だって先生の言葉を聞いて公式を理解していくと思います。英語なんて、「いやー、英単語は全然覚えられないんだけど、でも英語を読んだりしゃべったりするのは超得意なんだよね」って人は絶対いないじゃないですか。もっといえば、日本語で知らない単語なのに英語でだけは知っている人もめずらしいでしょう。サッカーが基本的にランニングをしているスポーツだとすれば、勉強は基本的に言葉を使う訓練なのです。言葉をきちんと理解しているかどうかで、この先で勉強する内容すべてに影響があるのです。

意味の丸暗記は語彙力ではない

ただし難しいのが、言葉をただ覚えればいいというわけではない、ということです。

ここで一つ、みなさんにクイズを出したいと思います。

「衒学的《げんがくてき》」って、どういう意味でしょうか？

日常生活ではあまり耳にしない言葉なので知っている人はあまりいないかもしれませんが、ぜひ覚えていてほしい言葉の一つです。

答えは、「知識などを必要以上にひけらかすこと」です。

語彙力の勉強をしたいなと本書を手に取ったみなさんならきっと「衒学的＝知識などを必要以上にひけらかすこと」と覚えてくれるだろうと思います。そうして、いつかどこかで「衒学的とは？」と聞かれたら「知識などをひけらかすこと！」と答えられる状態になるでしょう。みんな真面目でしょうから、それくらいのことは普通にやってくれると思います（ですよね？　信じていますよ？）。

でも悲しいことに、語彙力の勉強って、これだと不十分なんです。

たとえばですが、みなさんは「ひけらかす」ってどういう意味かわかっていますか？ニュアンスはわかるんだけれど、説明できるほどは知らないまま暗記しようとしていたという人、案外多いんじゃないですか？

「ひけらかす」の意味がわからないと、「衒学的」が良い意味の言葉なのか悪い意味の言葉なのかわからないですよね。その状態では、意味を暗記しているとしても、意味を理解しているとは言えません。それでは結局のところ自分で文章を書くときに使うことなんてできないでしょうし、文章問題で出てきた時にもぼんやりとしか理解できないことになってしまいます。

「ひけらかす」とは、「得意になって見せびらかしたり、自慢したりする行為」のことです。ドラえもんで、スネ夫がみんなに「このプラモデル、いいだろ。パパが買ってくれたんだ」と見せびらかしていたりするじゃないですか。あれですね。

そして、「知識をひけらかす」ということは、「俺はこんなこと知っているんだ、すごいだろ」と見せびらかすような行為になります。そして、そういう行為のことをどちらかというと批判する時に使われるのが、「衒学的」なわけですね。ここまで理解してやっと、「衒学的」という語彙を身につけたことになるのです。

ちなみに、「衒学的」の衒という字は「衒《てら》う」とも読みます。意味は「自らの能力や実績などを言動にひけらかすこと」で、この漢字自体に「ひけらかす」のニュアンスがあることがわかるかと思います。そのため、たとえば「奇を衒う」という言葉は「奇抜なことをひけらかして注目を集める」という意味になるわけです。いくつも個別に言葉を覚えずとも、一字を深く学ぶことで複数の言葉を覚えられる。これが本当の語彙力の勉強です。


みなさんの学校には英単語のテストがありますか？　あれ、嫌ですよね。覚えるのは面倒だし、何回もあったりするからつらくって。そしてテストで合格点を取れないと、補習だって言ってもう一回テストを受けさせられたりして。

　単語テストの多くは「この単語の意味はなんでしょう」ということしか聞いてきません。「sign＝符号」「order＝秩序」のように、英単語とその意味を暗記する勉強をしていれば点数が取れます。

　でも、そうやって暗記した言葉の意味をみなさんは本当に理解できているでしょうか。「符号」ってなんですかね、「秩序」ってどういう意味ですか？　単語テストでは意味がわからなくても点数になってしまいますが、それではいつまで経《た》っても本当の語彙力は身につきません。その言葉の意味を、自分で説明できるくらいに、しっかりと理解すること。これが大事なのです。

語彙力を付ける≠ぼんやりした理解や意味の丸暗記
語彙力を付ける＝意味を自分で説明できるくらいにしっかりと理解すること

ということですね。これをしっかり覚えてください

ぼんやり理解ではもったいない

もう少し、語彙力を付けるとはどういうことか説明していこうと思います。

たとえば、あなたが人に「インサイダー取引ってなに？」と聞いた時に、こんなふうに答えが返って来たとします。

「悪いことだよ」

これに対して「なるほど、わかりやすい説明だ」と納得できるでしょうか。できるわけがないですね。というかこの会話、ツッコミどころ満載です。ある意味確かにわかりやすいですが、「インサイダー取引」のことが何も理解できません。

「悪いことだよ」という返しに対して、多くの人は違和感を持つと思います。しかし、これを笑ってもいられません。これと同じことを無意識のうちに、けっこう多くの場面で、多くの人がしてしまっています。せっかく言葉自体は知っているのにもったいないことです。

みなさん、こういうポイントから改善していく必要があります。語彙力を手に入れたいのであれば、わかりにくくても、わかろうと努力すること。そうしないと、頭がそれ以上良くならないのです。

さらに、これはどうでしょう?

あなた「イノベーションって何?」
友達「パラダイムシフトみたいなもんだね」
あなた「へー、パラダイムシフトって何?」
友達「イノベーションみたいなもんだよ」

これもまたツッコミどころ満載ですね。このあと「イノベーションって何?」とあなたは再び聞かざるを得ないわけですが、そしたらまた同じ流れになって、無限に繰り返すことになるでしょう。いわゆる無限ループになってしまうわけですね。
実際にこんな会話をしていたら笑ってしまいます。ただこれも、同じようなことを知らず知らずのうちにやってしまっている場合がけっこう多いのです。

さっきの「衒学的」だって、「知識をひけらかすこと」とだけ覚えていたら、「じゃあ知識をひけらかすってどういう意味？」と聞かれた際の答えは「衒学的な感じ……」となってしまうはずです。ほら、ここにも無限ループが生まれてしまっています。

このように、知識の丸暗記は、言葉の無限ループを生んでしまうわけですね。はっきり言ってそんな勉強では意味がない。語彙力を身に付けたいのであれば、知らない言葉を最大まで知ろうとする意識を持ちましょう。ぼんやりした理解に留《とど》まらず、丸暗記して無限ループするような覚え方はせず、意味を自分の言葉で説明できるくらいにしっかり理解するようにするべきなのです。

第2章　実は日本語をみんな知らない

語彙力の勉強は簡単なものから！

ということで、ここから本格的に語彙力の勉強をしていくわけですが、最初に言っておくことがあります。

今日この日から、この本を読んでいるみなさんは、簡単な言葉でも、よく使う言葉でも、1ミリでも知らないことがあったら、「意味を調べる」ということをしてください。「どういうこと？」と思うかもしれませんね。僕はこのことが語りたくて本書を書いていると言っても過言ではないので、この点はしっかりと説明させてください。

まず、多くの人が勘違いしていることとして、第1章の話ともかぶりますが、「語彙力の勉強というのは難しい言葉をたくさん覚えることだ」というものがあります。語彙力の勉強の手始めに難読漢字などの参考書を買う人は多いでしょう。そして「むむ、確かにこんな日本語、自分は知らないぞ。きちんと覚えなきゃ」と暗記していくというやり方で勉強している。

みなさん、それは絶対にやめてください。先ほど「知識の無限ループ」という話をしましたが、難しい言葉の意味を丸暗記することになってしまって、後から振り返った時に「なんだっけ」となってしまいます。

私たちが最初にやらなければならないことは、「簡単な言葉の意味をしっかりと根本から理解すること」です。まずは、身の回りの、自分たちがよく使っているような言葉を、しっかり根本から理解する勉強が必要なのです。

「プレーン」ってどんな味?

ちょっと具体例をあげて説明しましょうか。

みなさんはヨーグルトって好きですか。あの味の一種に「プレーン」ってありますよね。食べたことがある人も多いと思います。が、あの「プレーン」って、どういう意味なんでしょう?

プレーン味のヨーグルトを普段から食べている人はたくさんいると思うんですが、改まって「じゃあ、あれがどんな味なのか説明してください」って言われると難しいですよね。「え、普通の味だけど……」「説明しろって言われても……」となってしまうと思います。

結論から言うと、「尖《とが》ったところのない、平坦《へいたん》な味」のことを指します。「普通の味」と説明しようとしていた人はいい線いってます。ただ、言葉の意味としては「特別な特徴を持っていないような、平坦な味」という説明になります。プレーンは「平坦」という意味が本質なのです。

ここまでだったら、みなさんも「へー、そうなんだぁ」としかならないと思うのですが、問題はここからです。

「プレーン」から広がる語彙力

「plain」と英語で言うとどんな意味になるかわかりますか？　これは、「飛行機」という意味になります。「air plain」なんて言いますね。ここにも、さっきから説明している、「プレーン」という言葉が使われているわけです。

さあ、ここで質問です。飛行機と、ヨーグルトの味。どんな共通点があると思いますか。プレーンは、「平坦」だとさっきお話ししましたね。だからヨーグルトに使われているのであれば「平坦な味」だと。

そして飛行機には、平らな部分があるのがわかりますか。翼の部分ですね。鳥の翼は平らではありませんが、飛行機の翼は平らです。つまり飛行機は、「平べったい羽」を持っていて飛ぶものだと定義できます。「平ら」な羽を持っているから、「平ら」という意味の「プレーン」が使われているわけです。

これで「プレーン」が平坦という意味であるということはわかっていただけたかと思いますが、そもそも「プレ」という言葉だけでも、「平たい」という要素が隠れている場合があります。ポケットモンスターというゲームでは、ゲームのアイテムで「プレート」というものがあります。知ってますか?

伝わる人にだけ伝わればと思ってお話ししますが、アルセウスというポケモンに持たせるとタイプが変わる、例のアレですね。レジェンズアルセウスではプレートを探していろんな旅をしたのを思い出しますね。まあ、ポケモンを知らない人でも、金属状の板のことを「プレート」と呼んだりするのを知っているという人も多いでしょう。あれも、「プレ」が入ってますね。もうお分かりだと思いますが、プレートというのも、平らなものですよね。平べったくて、尖った部分がないもののことです。

さて、これらの話を理解していると、難しい語彙を理解することができるようになります。説明しましょう。

「explain」という英単語を聞いたことはありますでしょうか。これは「説明」という意味の英単語です。「ex」というのは、「外へ」という意味の接頭語で、「exit（出口）」なんかが一般的な言葉としてあげられますね。みなさんのよく使う扉にも、「exit」と書いてあることがあると思います。

言葉としては「ex」＋「plain」で、「外」＋「平ら」です。「外」と「平ら」が結びついて、「説明」という意味になっているわけですが、どうして「説明」になるのか、みなさん想像できるでしょうか？

これを想像できるかどうかは、「平たく説明する」という表現を知っているかどうかが鍵です。複雑な話を簡単に説明することを、「平たく言うと〜〜」と言いますよね（言わない、という人はまあ、ここで覚えてください）。

平易、という言葉もあります。「易」は「簡単」と言う意味で、この言葉は「たやすく理解できる、簡単なもののこと」を指します。「平ら」は、「簡単」という意味と同じタイミングで使われたり、同じ意味で使われたりするわけです。

これを理解すると、「explain」も理解できるようになります。説明とは、「口に出して、難しいものを簡単にする」＝「外（口）に出して難しいものを簡単に（平らに）する」ということです。だから「explain」は「説明」という意味になるのです。

難しい語彙の知識を得るための基礎が、実は毎日食べているプレーンヨーグルトにあったというわけです。逆にこの基礎を理解していないと、「explain」という英単語を勉強したとしても、「explain＝説明」という丸暗記しかできなかったはずです。

このように、みなさんの身の回りの簡単な言葉の中に、「きちんと意味を理解するとより難しい語彙の知識を得ることができるような言葉」が眠っているのです。そういった意味で、まずは身の回りの、自分たちがよく使っているような言葉に対して、「これってどういう意味だっけ」としっかり向き合っていく必要があるのです。

「信用」と「信頼」はどう違うのか？

先ほどの「プレーンヨーグルト」の例は、「一つの言葉を深く掘り下げる」ことでほかの言葉に応用するものでしたが、「二つの言葉の使い分け」というのも重要です。

たとえば、みなさんは「信用」という言葉を使いますか。おそらくは、「お前のことを信用しているよ」なんて言って使うと思います。でもこれ、似たような言葉で、「信頼」という言葉もありますよね。

「信用」と「信頼」。この二つの言葉の違いを知っていますか。これって同じような意味に見えて、実は少し違う意味になるんです。どう違うのか、わかりますか？

答えを言うと、「信用」と「信頼」は、過去と未来の違いです。

「信用」は、過去のその人の行動などに鑑《かんが》みてできていくものです。「この人のことは、信用できるよ」と言ったら、その人の過去の行い・言動から考えて、信用できるかどうかを判断していることになります。

「信頼」は未来のその人のことをどれくらい信じることができるかを考えるものです。「この人のことは、信頼できるよ」と言ったら、あまりその人の過去を知らなかったとしても、直感的に一緒に居て気持ちがいいとか、少し会話して「この人のことは信じてもいいんじゃないか」と思ったとか、そういうことを考えて判断をしていることになります。

たとえば「信用金庫」というのはあっても、「信頼金庫」なんてありませんよね。その人の過去の情報を見て、その人にお金を貸していいのかどうかなどを判断するのが「信用金庫」です。クレジットカードは「信用」がないと作れませんが、「信頼」は必要ありません。

過去の客観的な事実を参照して判断するのが「信用」であるのに対して、未来のことを考えて、主観的にこの人とやっていけそうだ、というのが「信頼」です。

小さな違いでニュアンスが変わる

では、「あなたのことを信用しています」と「あなたのことを信頼しています」、相手から本当に信じられていて、これから仕事を一緒にしていきたいと思われているのはどちらでしょうか？

正解は、「信頼」です。

「あなたのことを信用しています」は、過去の発言・行動に問題がないことを示しています。過去のあなたの行動と同じように、これからも「今まで通り」にお願いします、という意味になります。

「あなたのことを信頼しています」は、これから先、あなたと一緒に仕事をしていきたい、ということを示しています。こちらの方が若干、「より仲良くしたい」というニュアンスがあると言えるわけです。

僕たちはなにげなく、何も考えずに、「あなたを信用していますよ」とか「彼に信頼をおいている」とか、聞き流してしまいます。

でも、実は語彙力のある人は、「信用」「信頼」という「信」にどんな漢字をくっつけるかというその漢字一文字をしっかり使い分けて、自分の価値観を相手に伝えていることがあるんです。もしかしたら、みなさんはそんな微妙なサインに気づけていないのかもしれません！

だって、ちょっと変な話、好きな人が「君のことを信用しているよ」と言うのと、「君のことを信頼しているよ」と言うのだったら、後者のほうが脈有りだって話なんです。みなさんは、もしかしたらそういう異性のサインを見逃していたかもしれないということなんですよ？

一昔前の漫画やアニメには「鈍感系主人公」と言って、女の子からの好意に気づけない男主人公というジャンルがありましたが（『化物語』の阿良々木《あららぎ》くんとか『ＳＡＯ』のキリトくんとか『五等分の花嫁』の風太郎くんとか……）、もしかしたら彼らが好意に気づけなかったのは言葉を知らないからだったかもしれないわけです。もしかしたら、みなさんも……。

というのは半分冗談にしても、もしみなさんが語彙力を鍛えたいと思うのであれば、「なぜこの人は、信用という言葉を使ったんだろう？」「信頼という言葉を使わなかった意味はあるのかな？」と、普段から考えるようにしましょう。言葉に対する感度を高めて、普段から言葉を調べる訓練をしておく必要があるのです。

あなたは「変化」を知っているか？

さて、普段から言葉を調べるという方法だけでなく、みなさんがもっと言葉を鍛えられる方法があります。それは、「自分が使う言葉に気を配っていく」というものです。

たとえばみなさんに一つクイズです。次の質問に対する回答は、正しいでしょうか？

「Q　この花は、1週間前と比べてどう変化しましたか？」
「A　きれいな実をつけました！」

おそらく、日常会話のレベルではこんなふうな受け答えをすることがあるのではないかと思うのですが、実はこれ、入試とかテストとかでは、間違いになる可能性があります。なぜなら、これはきちんと「言葉」を理解できていないからです。

この問題は、「変化」を問う問題です。みなさんは、「変化」という言葉をしっかりと理解できていますか。「変化なんて言葉は知らない」という人はさすがにいないと思いますが、それくらい、ポピュラーなありふれた言葉ですよね。でも実は、あやふやに理解してしまっている人も多いと思います。事実、多くの人は先ほどの「きれいな実をつけた」という回答にも違和感を覚えることができません。

変化には「前」と「後」がある

「変化」とか「移行」とか、そういう言葉は基本的に「それ以前はそうでなかったものが、新しくこうなった」という時に使われる言葉です。

「身長は伸びましたか？」と聞いて「１７０cmになりました」と答えが返ってきても、何センチメートル伸びたかわかりませんよね？　元から１６９cmで１cmだけ伸びただけかもしれないし、１６０cmから10cmも伸びたのかもしれない。元々その身長であった可能性もあるので、変化前を聞かないとどれくらい変化したかはわからないのです。

変化を答える場合は「ＡがＢになった」というように、二つの要素が最低限必要なんですね。「花に実がなった」だけではなく、その前の状態がどうだったのか書かないとダメなわけです。「花に元気がなくて実がなっていなかったけれど、元気になって実がついた」のように、「変化前」から伝えないと、「変化」という言葉の定義からは外れているのです。もっというなら、そこには「変化した理由」があるはずです。

元気がなかったのに突然元気になることはありませんよね。なんらかの理由があったから、その花は「元気がない」→「元気になった」と変化したはずです。「AがBによってCになった」というように、変化前・変化理由・変化後の三つがそろって、完璧な回答になるわけです。

「それまで元気がなくて実がなっていなかったが、半年間肥料を与えた結果、やっと実がなるようになった」

こうやって、三つの要素を含んでいれば「変化」を聞かれた時の回答としてパーフェクトなのです。みなさんは、変化を聞かれたら、三つの要素をもって回答することを意識してくださいね。

言葉の使い方を普段から意識する

「でも変化を聞かれることってそんなにある？」と思うかもしれませんが、いやいや、たくさんあるんですよ。変化を示す言葉って、無限にあります。

たとえば「増加した」というのも「変化」を示す言葉です。だって、「増えた」ということは、少なかったものが多くなったという変化ですよね。ですから、「増加した」と言いたいときに、「5人に増えた」と、変化後だけを説明するのは不十分です。変化前に何人だったのかを入れて、「3人から5人に増えた」と言わなければなりません。

また、「〇〇化」という言葉も多くの場合「変化」にあたります。「砂漠化」という言葉を「砂漠地帯が増えること」と変化後だけを説明するのは不十分で、「元々砂漠ではない地域が砂漠になること」と説明しないと正しい説明にならないわけですね。

さて、このような「普段なにげなく使っている言葉が、厳密にいうと間違っている」という例はたくさんあります。たとえば、「矛盾」という言葉も、聞いたことがある人は多いと思いますが、しっかり意味を理解できている人は意外と少ない言葉です。

たとえば、「君の発言は矛盾しているぞ」と指摘した時、みなさんは一つ、情報が抜けていることに気づかなければなりません。先ほどの「変化」の話でいえば、「変化前」と「変化後」があって初めて、変化です。矛盾も、AとB、二つのものが対立していることを言います。でもこの、「君の発言は矛盾しているぞ」だけだったら、変化後の方しかないですよね。

「君は昔、こう言っていたのに、さっきの発言は、それとは違っている。矛盾しているぞ」と、「前」と「後」の二つの要素が必要になるのです。

語彙の勉強は深く狭く！

このようにして、普段から言葉の使い分けに敏感になったり、使う言葉に気をつけたりすることをくり返して、言葉に対する理解度のレベルを上げていくと、新しい言葉を覚えるのにも有効になる場合があります。

たとえば、先ほどお話しした「信用」がついた言葉はたくさんあります。「信用取引」とか「信用創造」とか。これらの言葉を知るときに、「信用」という言葉の意味をそもそも理解していなかったらダメですよね。

「変化」に関わる言葉だってたくさんあります。先ほどもあげた「○○化」という言葉は、それこそ無限にあると言っていいでしょう。「概念化」「類型化」「酸化」「ドーナツ化」「事業化」「凶暴化」……これらすべての言葉は、パッと見では「変化後」だけの意味が先行しますが、実際は変化前が存在しているわけです。

「凶暴化」は、凶暴になる、という意味だけではなく、それまで凶暴ではなかったものが、凶暴になるという意味です。もとから凶暴だった動物などには使わない言葉だと言えます。これも、すべて、「変化」という言葉の意味を理解できていないと理解できない言葉なわけです。

語彙の勉強は、

簡単な言葉の意味を、しっかりと根本から理解すること。
そして、それを土台にして、難しい言葉を理解していくこと。

この二つが基本です。そのために特別な訓練はいりません。難しい語彙がたくさん載っている参考書を買う必要もなければ、辞書に載っている難しい言葉を覚えていこうとする必要もありません。この1冊を読んで、普段触れている語彙がいかに深いものかをきちんと理解できるのであれば、それが土台になるはずです。

語彙の勉強は、浅く広く、ではいけません。深く狭く、です。PART2以降で扱う言葉も、かなり狭いものになると思いますが、それでいいのです。その分、深く説明していきますので、みなさんぜひついてきてください！

PART2

5教科それぞれの重要語彙

第3章　数学の理解に欠かせない言葉

「率」という言葉を制す

PART2では、「各科目に必要な語彙力」についてお話ししていきたいと思います。語彙力ってべつに国語だけで求められる力なわけではありません。英語でも数学でも、理科でも社会でも、どんな教科においても求められるものなのです。ということで、各教科ごとに、その科目で必要な語彙力はこういうものだという話をしていきます。

さてまずは数学です。「数学って数字と数式じゃん、語彙力って関係なくない？」という皆さんの声がさっそく聞こえてきそうですが、そんなことはありません。ここでは、数学に不可欠な基本の用語をお伝えします。

いまから20年くらい昔のことですが、言葉の意味がわかっていないと解けない数学の問題が東大で出題されたことがありました。

東京大学二次試験　数学　（2003年）　※筆者要約
「円周率が3・05より大きいことを証明せよ」

円周率は「3・14159265358９……」とつづいていくため、問題を解くときには「π」とおいて計算すると習った人が多いでしょう。しかし、それをいざ「で、その記号ってなんなの」と問われると答えられない、という人がほとんどなのではないでしょうか。まして、それがどうして「3・14」という数字になっているのかなんて、わからない人のほうが多いでしょう。

この問題は、「そもそも円周率とは何か」、そして「率」という漢字の意味をしっかり理解しているかどうかということを問う問題でした。

みなさんは、「率」という漢字のついた言葉ってどんなものを知っていますか。確率・効率・勝率・打率・継続率……。いろんな「率」がありますね。この「率」というのは、すべて「割合」のことを指します。割合とは、「分子／分母」で表されるもののことを指します。

勝率とは、「勝った数／勝負の数」のことですね。継続率は、「継続した人の数／サービスを利用した人」のことを指します。効率だって同じです。「お前の作業、効率が悪いぞ」と言われたら、「効果／作業時間」という意味で使っているわけです。

このように、なんらかの数字が「分子／分母」の形になっているのが、「率＝割合」なのです。

そして、円周率はどうでしょうか。これは、「円周／直径」のことを指します。この割合がなかなか割り切れないから、３・１４１５９２６５３５８９……と続いていってしまうわけですね。

この問題は、「円周率＝円周／直径」であると理解していないと、そもそも手も足もまったく出なくなってしまうのです。逆に、これが理解できてさえいれば、答えが出ます。「直径の長さを仮においたときに、円周の値がどれくらいの数になるのか？」ということを考えていくことで、答えが出てくるようになっているのです。

この、「率」というのはとても重要な言葉です。

みなさんは、「場合の数」と「確率」にどういう違いがあるかわかりますか。「この時の場合の数を求めなさい」という問題と、「この時の確率を求めなさい」という問題の違い、先ほどの話を踏まえれば簡単ですね。

「場合の数」は、「それが発生する場合」の数のことです。たとえば「一つの箱から一つのボールを取ります。箱には、赤青黄色の三つのボールが入っています。このときの場合の数は?」となったら、赤か青か黄色なので、「場合の数は3」となりますね。これは、ただの「数」なので、なにかで割ったりする必要はありません。

一方で「確率」とは、「率」なので、「A／B」の形になります。この場合、(「同様に確からしい」という条件はありますが)「それが発生する場合の数／すべての場合の数」のことです。先ほどの場合の数を使って、「場合の数／場合の数」という形になっているのが、確率なのです。「赤青黄色の三つのボールが入った箱から一つのボールを取り出す場合に、赤色を引く確率は?」と言われたら、「赤色を引く場合」が1、「すべての場合」が3なので、「1／3」になりますよね。

いかがですか？　「率」という語彙を理解すると、問題を解くときの考え方がスムーズになりますよね。割合なんて算数レベルのことはわかってるよと思わず、ひとつずつ語彙の知識を積み重ねていってください。

「累積」ってなんだっけ？

みなさんは、「累積」という言葉はわかりますか。数学においては「これらの数字を累積した結果をここに書きなさい」というような問題が出題されますよね。

たとえば次頁の問題。「累積度数」のところにどんな数が入るか、わかりますか？　中学校のテストなどでよく出題されるものですが、これは本当は累積という言葉の意味がわかっていないと解けません。実際のところ、授業で習ったまま解くことで問題には正解できているけれど、自分がなにをしているのかわかっていないという状態の中学生が多い問題でもあります。

累積とは、「積もり積もって、積み重なっていくこと」を指します。「A」「B」「C」「D」の数があったときに、「A＋B＋C＋D」のように、数をどんどん足していった結

身長（cm） 以上〜未満	人数 （人）	累積度数
130〜140	3	3
140〜150	5	
150〜160	7	15
160〜170	4	
170〜180	1	
計	20	

問　累積度数の空欄を埋めよ。

果のことを指します。

さて、みなさんに気をつけてもらいたいのは、ただの足し算ではないということです。累積は、その範囲までに積み重なったものの和を指します。だから、この問題でいえば、「１４０㎝〜１５０㎝」の右の空欄にあてはまる数字は「８」になります。「１３０㎝〜１４０㎝」から「１４０㎝〜１５０㎝」までの累積、と問われているわけなので、３人＋５人で「８人」となるのです。あくまでも、その範囲まででどれくらいの人数がいるのか、と考えるのがポイントになります。

「累積赤字」とか「疲労が累積する」というように使うわけですが、案外きちんとは答えられない人が多いんじゃないでしょうか？

ついでに「累積赤字」もしっかり確認しておきましょう。たとえば10期目に入る会社があったら、「1期から10期まで、全部計算した上での赤字」になります。1期で100万円儲《もう》かっていて、2期で100万円赤字だったら、2期までの累積赤字は0円になるわけですが、それが10期まで積み重なっていき、「現在の累積赤字は30万円」などの言い方になるわけです。このように、累積には「今までのすべて」というニュアンスが含まれていることをしっかり勉強しておかなければならないのです。

そして、この「累積」をきちんと理解していれば、いろいろな範囲で累積を出して比べることなどができるようになります。一つのデータから多くのものが見えてくるようになるのです。

「因数」と「約数」を理解する

数学を勉強していると、「因数」って出てきますよね。「因数分解」や「素因数」など、「因数」が入った言葉は多いです。でもこれ、いろんなところで出てきているからこそ、意味がわからない言葉になりがちなんですよね。

まず、自然数の場合には、「掛け算をするとその自然数が表される数」として使われます。「12＝3×4」の場合は「3」と「4」が因数です。

そして、「(x＋1)×(x＋2)」という式の、(x＋1)と(x＋2)も同様に因数って言います。なんでこれも因数なんでしょう？　それに加えて「素因数分解」なんて言葉も出てきますから、なんだかこんがらがってきてしまいますよね。

一つ一つ考えていきます。まず「因数」とはどういう意味なのか考えてみましょう。「因数」の「因」は、ほかにどんな言葉で使われる言葉ですか。ぱっと思いつくのは「敗因」などでしょうか。これは「負けた」というその結果になったなんらかの理由のことを指しているわけですよね。「敗因は戦略不足にある」などの使い方をします。そう、「因」には「ことの起こるもと」という意味があるのです。

この調子で「因数」も「その数が起こるもと」と考えていけばなにか見えてくるかもしれません。「12」という数は、「3」と「4」という数字を掛けることによって導き出されます。このように、ある数があらわれる原因になっている数なわけですね。

因数は、英語で言うと「factor」と言います。ファクターとは、主にその結果を生じさせるのに寄与した要因・因子のことを指す言葉です。この場合は、12という数を生じさせるのに寄与した別の数のことを指すわけですね。

そして、そう考えると「(x+1)×(x+2)」の(x+1)とか(x+2)とかも因数になる理由がわかるのではないでしょうか。(x+1)×(x+2)をすると、「x^2+3x+2」という結果が生じていますよね。(x+1)や(x+2)は、この結果を導いた数だと言えます。まさに「ファクター」です。だから、この場合は(x+1)や(x+2)が因数になるわけですね。そして「因数分解」とは、「x^2+3x+2」という結果を分解して、「(x+1)×(x+2)」を導くことですよね。一つの数から、原因になっている複数の数を導くわけです。

最後に、「素因数分解」は「素数の因数」を導くことです。「12=3×4」だと、4は素数ではなく、もう1回「4=2×2」と分解できます。このとき、「12=3×2×2」と「素数」で分解することを素因数分解と言います。

「因数」とよく間違えられるのが、「約数」ですね。因数と約数を混同してしまうことがあります。「12の因数は、2と3と4だよね」と。これが間違いであることはもうわかりますよね。「12＝3×4」と書いている場合に、「3」「4」を因数と呼ぶだけで、「ある数を割り切れる数のこと」は約数と呼びます。

約数の「約」の意味って、みなさんわかりますか。ちょっと意外かもしれませんが、「約」には「小さくする」というニュアンスがあるのです。たとえば「節約」や「要約」は「ある物や量を減らす」「小さくまとめる」という意味ですよね。このように、「物を小さくする」が「約」の意味なのです。

そして数学において「小さくする」とは、数を「分割する」こと、つまり「割る」ことなのです。そこから派生して、その数を割ることができる＝割り切れる数のことを約数と言います。

あとは「約分」なんて言いますよね。これも、分数の分母と分子を「割る」行為です。

ちなみに、「約30個」みたいに、「だいたいこれくらい」という意味で「約」と使われる場合もありますが、これは「要約」に近くて、「まとめると」→「大雑把に言うと」

という意味だと解釈できます。

「因」と「約」という語彙をしっかり理解していれば、因数と約数を取り間違えることはもうないでしょう。ほかにもいろいろな「○○数」が数学にはありますが、それらも同様に言葉の意味から理解しておくことが重要です。

「必要」条件と「十分」条件

高校の数学Aで一番多くの人を苦しめるのが、「必要条件・十分条件」という言葉です。これを読んでいる方も、もしかしたら苦手意識があるのではないでしょうか？

「集合と命題」という単元で習う言葉なのですが、日常生活で使う「必要」とか「十分」という言葉の意味と全然違って見えるので、わからなくなってしまう人が多いのです。しかし実際のところ、これらの言葉は日常と大きくずれた意味で使われているわけではありません。

まず言葉の定義を見てみましょう。教科書にはたいてい、こんな感じの文章で書いてあります。

二つの条件p、qについて、命題「pならばq」が成り立つ時、pはqの十分条件、qはpの必要条件である。

うーん。これだけだとさっぱり意味がわからないですね。具体例としてお豆腐で考えてみましょう。あなたは目の前の料理が「豆腐料理」かどうかを判別したいとします。このとき、その料理が「冷奴《ひややっこ》」であれば、その料理が豆腐料理であることを十分保証してくれます。このことから、「冷奴」であることは、「豆腐料理」であることの十分条件だとわかります。

逆に、目の前の料理が冷奴かどうかを判別したいとします。このとき、その料理が冷奴なのか麻婆豆腐《マーボーどうふ》なのかみそ汁になるのかはわかりませんが、少なくとも豆腐料理であることが必要です。このことから、「豆腐料理」であることは、「冷奴」であることの必要条件だとわかります。

これを図で表してみましょう。

59頁の図は、豆腐料理という括《くく》りの中で、冷奴・麻婆豆腐・みそ汁・揚げ出し豆腐といった種類があり、その冷奴のなかに絹ごし豆腐や木綿豆腐のものがあるということを表しています。「pならばq」の意味や必要条件・十分条件がわからなくなってしまった時、このような図で考えをまとめることができます。pは豆腐でqは冷奴なのです。

必要条件と十分条件はどちらか一方にしか当てはまらないのではなく、両方に当てはまる「必要十分条件」というものがあります。具体例としては、「10の倍数」と「1の位が0」という条件などがあげられます。「10の倍数　ならば　1の位が0」と「1の位が0　ならば　10の倍数」の両方が成り立ちます。つまり、「10の倍数」ならば十分「1の位が0である」ことを保証するし、「10の倍数」であることは「1の位が0である」ためには最低限必要なのです。

一見わかりにくい概念でも、言葉の意味をよく考えながら図に起こすなど工夫することでスッとわかるようになるものです。

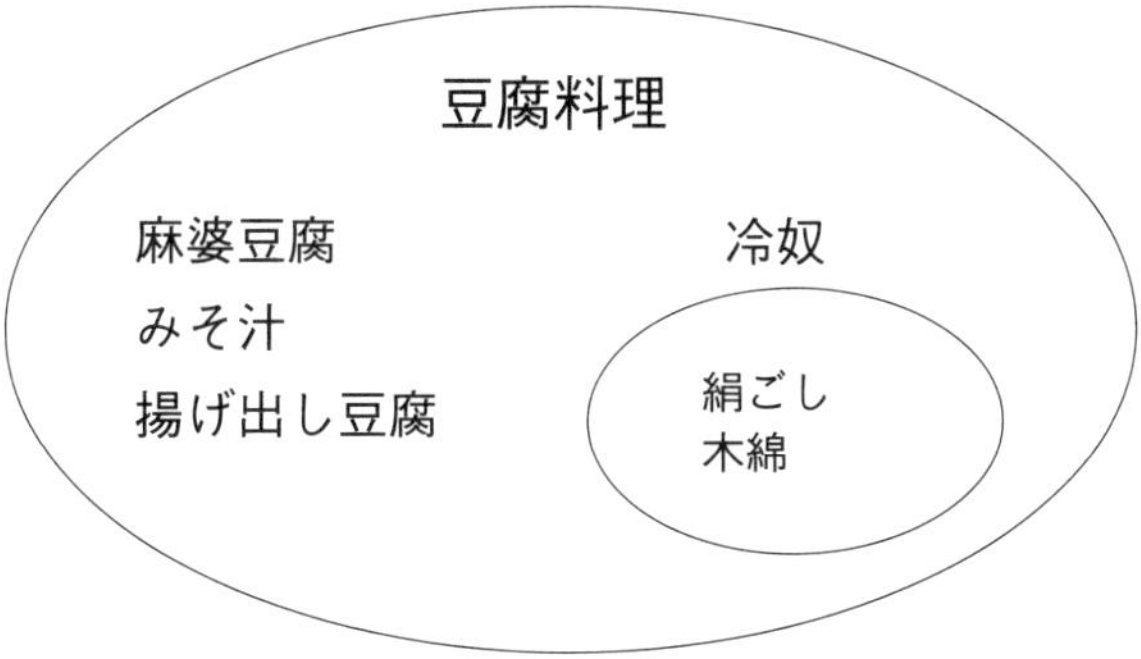

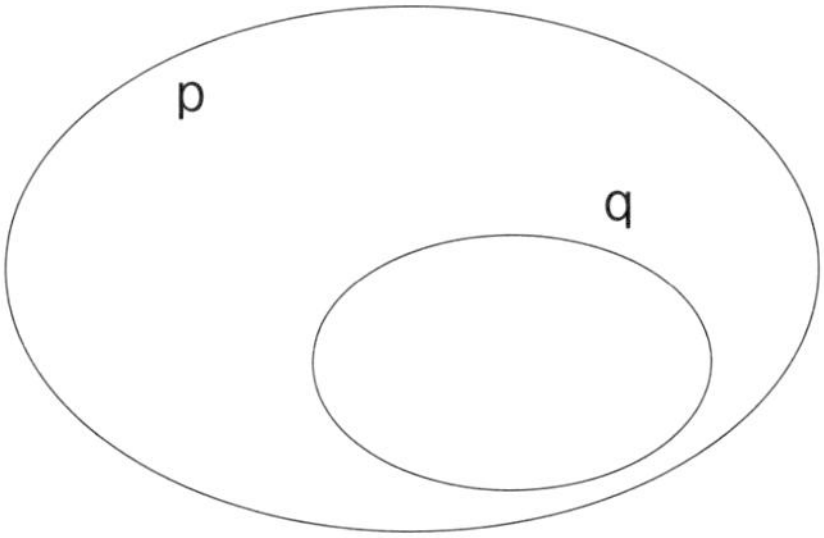

豆腐料理のなかに、冷奴やみそ汁がある

「数学的帰納法」は「演繹法」?!

「帰納法」という言葉も数学にはよく登場します。高校数学では「数学的帰納法」という言葉を習いますが、この中にも「帰納法」という言葉が入っていますね。また、「帰納法」のほかに、「演繹《えんえき》法」という言葉も聞いたことがある人が多いのではないかと思います。しかし両者の違いをきちんと説明できない人、いるんじゃないですか？

また、なんと実はこの「数学的帰納法」、多くの人は名前から「当然に帰納法なんだろう」と考えると思いますが、実は、演繹法の一種なのです。帰納法と演繹法、混乱してきましたよね。説明していきましょう。

これらはともに推理や思考の方法の一種なのですが、帰納法は「複数の事実や事例から共通の性質を見つけ出し、そこから法則を推理する方法」のこと、演繹法は「一般的な法則から、個々の事象についての性質を見つけるという考え方」のことです。

具体的にお話しします。

まずは帰納法の例です。たとえば、次の三つの事柄が正しいとします。

・Aさんはにんじんが好き
・Aさんは玉ねぎが好き
・Aさんはジャガイモが好き

これらの共通点は、Aさんがいくつかの野菜について好きであるという点です。ここから、「Aさんはすべての野菜が好きなのだろう」と推測できます。

次は演繹法の例を見てみましょう。次の事柄が正しいとします。

「Aさんはすべての野菜が好きである」

ここから出発して、野菜の代表としてにんじん・玉ねぎ・ジャガイモについて考えてみると、

・Aさんはにんじんが好き
・Aさんは玉ねぎが好き
・Aさんはジャガイモが好き

という三つのことが言えます。

このように、帰納法は具体的な物事から抽象的な性質を考え、演繹法は抽象的な性質から具体的な物事を考える方法なのです。帰納法と演繹法は考える順番がまったく逆なわけです。

帰納法と演繹法の違いはこれだけではありません。演繹法は最初の法則さえ正しければ導き出されるものも必ず正しいのですが、帰納法は必ずしも正しいとは言えません。先ほどの例だと、Aさんがにんじん・玉ねぎ・ジャガイモが好きだからといって、ピーマンやナスが好きかどうかはわかりません。もしピーマンが嫌いなら、「Aさんはすべての野菜が好き」というのは間違った結論になってしまいます。

一方で演繹法は、「Aさんはすべての野菜が好きである」ということが正しいという前提のため、ピーマンもナスもどんな野菜も好きであるという結論は正しいです。

そして、数学的帰納法は、「n＝kで成り立つとき、n＝k＋1でも成り立つ」ということを証明します。このとき、n＝1で成り立つというのが正しいとされているので、演繹法を用いると次のことが言えます。

・n＝1で成り立つので、n＝2でも成り立つ
・n＝2で成り立つので、n＝3でも成り立つ
・n＝3で成り立つので、n＝4でも成り立つ

このようにして、すべての自然数で成り立つことを示すのが数学的帰納法なのです。だからこれは、演繹なんですね。

帰納法が必ずしも正しいとは言えない証明方法だからといって、帰納法が使えない推理の方法というわけではありません。数学でも、具体的な数字を代入してみて共通する性質を見つけだし、そこから証明に使える法則や答えを予測するという方法はとても有効な手段です。

「定義」「定理」「公理」の違い

数学でよく聞く言葉に、定義・定理・公理という言葉がありますね。

1999年、東京大学の入試において、「三角関数の定義」を問われたことがあります。「定義」という言葉をしっかりと理解していないと解けない問題でした。実は数学において、定義や定理といった言葉を区別することはとても重要な基礎なのです。

それではまず、それぞれの言葉の意味をみていきましょう。

◆定義＝ある用語の意味そのもののこと

例として、「正三角形の定義は三辺の長さが等しい三角形」、「偶数の定義は2で割り切れる整数」などが定義としてあげられます。このような「意味」こそが、定義の具体例です。「定義」の特徴として、「言葉の意味そのもの」なので、証明することができません。「これが定義なんだ」と認めるしかないものなのです。また、定義は一つの用語に対して基本的に一つしか存在しません。

◆定理＝定義から証明された重要な性質のこと

例として、正三角形に成り立つ定理は、「三つの角がすべて等しい」「すべての正三角形は合同である」などがあることや、また、「三平方の定理」、「円周角の定理」などがあげられます。定理の特徴として、定理は証明されうるものであるとともに、一つのものに対していくつも考えることができます。

◆公理＝数学の出発点として、正しいと認めてしまうこと

定義・定理に比べればあまり聞きなれない言葉かもしれませんが、皆さんも公理を知らず知らずのうちに使っています。たとえば、「a＝bならばa＋c＝b＋c」「異なる2点が与えられた時、その両方を通る直線が書ける」などです。特徴として、数学で証明するために最初に認めるものなので、公理自体は証明することができません。

一番簡単なのは、「1＋1＝2」とかでしょうか（厳密に言うとこれは公理ではないのですが、わかりやすいので例としてあげさせてもらいます）。これが成立すると仮定して進めていかないと、計算自体ができませんよね。このように、どれも当たり前のことで、無意識に使っている場合が多いでしょう。しかし、数学ではこれらが成り立つと最初に

認めてからでないと使えません。逆に言えば、どれだけ当たり前に見えるものでも、公理や定義などでなければ、証明なしに正しいとは言えないのです。

数学には、「こうだと決めてしまうもの」と「すでに決まっていることから分かること」の2種類があります。前者に対して、「どうしてこう決めたのだろう」と考えることとは価値がありますが、「なんで成り立つのだろう」とか、「どうやったら証明できるのだろう」と考えることはほとんど無意味なのです。

また、数学の証明は何もないところから生まれるのではなく、必ず定義を出発地点としています。数学でわからなくなった時は、定義、つまり言葉の意味を振り返ってみると何か良い発見があるかもしれません。

数学には二つの「連続」がある

最後はちょっと趣向を変えて、英語の語彙から数学を考えてみましょう。

みなさんは、「連続的に」という意味の英単語をいくつ知っているでしょうか。高校レベルの英単語なのでまだ習っていないという人もいるかもしれませんが、調べてみると「continuously」や「successively」といった言葉が出てくると思います。「continuously」は、ゲームなどで「コンティニューする」みたいな使い方があるのでそれで知っている人もいるかもしれませんね。

この二つの単語って、実はちょっとイメージが違うのです。

「continuously」という語は、「続ける」という意味の「continue」という動詞がもとになっています。この続けるイメージから、絶え間なく連続して続けていくという意味があります。一晩中連続して何かをした場合などに使われます。

一方で「successively」は、連続的に後に続いていくという意味があります。似たような語に「後継者・後に続くもの」という意味の「successor」があります。3回連続で何かをした場合などに使われます。

さて、数学の章なのに英語の話をしているのにはワケがあります。これらの「連続」の違いは、数学で明確に現れるのです。「関数が途切れることなく連続している」ときの連続は「continuously」ですが、「5、6、7と連続する整数」というときの連続は

「successively」になるのです。

またたとえば、「点が連続して、線になる」という説明がよく教科書ではされます。これは、点がずっと続いていって、1本の線になっているということなので、「continuously」のほうの連続です。このように、日本語では一括りになってしまっているわけですが、実は英語と比較してみることで、その言葉に対する理解が深まるわけですね。

第4章　理科の「ことわり」を言葉から知る

理科の理とはなにか？

次は理科に必要な語彙力についてお話ししようと思います。が、みなさん、そもそも「理科」という科目がどのような科目なのか考えたことはありますか？　僕はまずはじめに「理科」という言葉自体に隠された深い意味を、みなさんに理解してもらいたい。

理科という科目には、「理」という漢字が使われています。この「理」って、「り」以外の読み方があるのを知っていますか？

「ことわり」です。

秩序が保たれていて、あるべきものがあるべき姿になっている状態。または、社会的な規範そのもののことを指すのが「ことわり」ですね。「道理」と似たような意味だと言えば理解しやすいかもしれません。

「あの人は、昔学校の先生だったらしいよ」「ああ、道理でね。道理で教えるのがうまいと思ったよ」

なんて使い方をしますね。「やっぱりそうだったんだ」というようなニュアンスですが、もっと言えば、「そうなるのがあるべき姿だ・正しい」という意味になります。

これって、けっこう不思議な言葉です。少なくとも、日本と中国など一部のアジア圏以外の国では、あまりこの考え方はしません。

「理」をそのまま英訳すると「reason = 理由」になります。ただ、「reason」だと「秩序」とはなかなかつながっていきません。だって普通に考えて、「理由」が「秩序」につながっているって、理解しにくいですよね？「ことわり」は、英語文化圏ではあまり馴染《なじ》みがない概念で、ぴったりくる英語を探すのは難しいと言われています。

しかし、先ほどの「道理」という言葉を深く考えてみると、なぜ「理由」が「秩序」になるのかわかっていただけるかもしれません。

「道理でね。道理で教えるのがうまいと思ったよ」というのは、もっと嚙《か》み砕いて言うと、どういうことでしょうか？

「教えるのがあんなにうまいのだから、昔教える仕事についていないとおかしい」、つまりは「そうでなければ説明がつかない・そうなった理由がほかにどこにも見当たらない」という考え方になるわけですね。

そもそも、ほとんどすべての物事には理由があります。

「花瓶が割れている」という結果があったときに、ただ勝手に「花瓶が割れた」ということはなく、誰かが割ったりなにかで割れたりしたのだろうと考えますよね。目の前には結果だけがありますが、しかしその裏側には、なんらかの理由があるわけです。逆に、理由がわからないということは、花瓶を割った誰かがどこにいるかわからないということですよね？　それは、罪を逃れた誰かがいるかもしれないわけです。

理由があるということは、説明がつき、秩序が保たれている、あるべき姿であるということです。逆に、理由がない・理由に説明がつかないということは、何かが間違っていて、あるべき姿ではないということになります。要するに、理由の有無は「説明がつくかどうか＝きちんと秩序が保たれているか」を分けるわけです。

こう考えると、道理になぜ「道」という漢字が使われているかもわかるのではないでしょうか？　道とは、要するに「筋道」のことです。「道理」の「道」は、「物事の正しいもっともな筋道」という意味なのです。

一本の道があって、すべてはその道でつながっている。「花瓶を割る」ということをしたら、その先には「怒られる」「花瓶の持ち主に謝罪する」という道が用意されているわけですね。そしてそこから外れてしまうと、「花瓶を割ったのに、持ち主に謝罪していない」という、道に外れたことをしてしまうことになります。

ちなみに、英語にはあまりない概念という話をしましたが、少しだけ近しい言葉も存在しています。それが、みなさんが中学生で習う「must」です。「must」は「しなければならない」という意味の助動詞として文法を習うと思いますが、実はこれ以上の意味もあります。

みなさんは「You must be hungry」という英文をどう訳すでしょうか。「あなたはおなかが空《す》かなければならない」？　そんなわけないですよね。「お腹が空かなければならない」なんて状況として想像しにくいです。この英文は正しくは「お腹が空いているに決まってる！」と訳します。

「昨日、何も食べてないんだよね」

「なんだって！　You must be hungry!」

という感じで、「そうあるに違いない」というニュアンスとして使われているわけです。これも、道のニュアンスで理解できるのではないでしょうか？　「何も食べてない」ということがあったなら、その道が続いている先は「今もお腹が空いている」ということ。なので「must」は「しなければならない」という意味ではあるけれど、「そうに決まっている」というような訳語としても使えるのです。

理科は筋道を探究する

さて、話が長くなってしまったのですが、ここからわかることは、「理科」という科目は物事の筋道、つまり「こうなるのが当然である」というものを探究する科目だということです。「Aが発生したら、Bになる」という法則を調べ、次の未来を予想できるようにする。「昨日ご飯を食べていないのならお腹が空く」と同じように、「高いところでりんごを落としたらりんごが地面にぶつかる」と理解していく。これが理科という科目なのです。

そう理解していると、理科という科目の勉強の質が変わると思います。「筋道」を意識して勉強することが大事だと念頭に置きつつ教科書を読むと、理科という科目が公式や合理的な説明というものをなぜ大事にしているのかわかるはずです。

ごく基本的なことで言えば、理科の実験というのは、「何度やっても同じになる」ことを求めます。「温度はどうか、日の当たり方はどうか」と条件を細く規定して、手順通りにすれば再現できるものでないといけない、としています。

「何度やっても同じになる」。これは、「筋道」の考え方と合いますよね。「Aが発生したら、Bになる」、つまりAという入力をすれば、Bという実験結果がつねに出てくるということを重視するわけですね。こうした理科の根本的な考え方が理解できていれば、理科の成績は大きく向上していくはずです。

プラス・マイナスが「陰・陽」のワケ

さて、ここからは理科の学習と密接にかかわる四つの言葉を解説していきます。

まず最初にとりあげるのが「陰・陽」です。日常生活でも、暗い奴のことを「陰キャ」と呼んで、明るい奴のことを「陽キャ」なんて言ってよく使いますが、理科には「陰」と「陽」という漢字がよく出現します。「陰イオン」「陽イオン」とか、「陰性」「陽性」とかですね。

しかしこの「陰」と「陽」って、一体どういう意味の言葉なんでしょうか。なんとなくプラスとマイナス、明るいと暗い、みたいな意味合いで使っていると思いますが、それでいいのでしょうか？

ちょっと遠回りしながら考えてみましょう。みなさんは、「陰陽道」と書いてなんて読むかわかりますか？　正解は「おんみょうどう」です。「陰陽師《おんみょうじ》」って、漫画やアニメでもキャラクターとしてよく出てきますよね。有名な陰陽師といえば平安時代に活躍したと言われている安倍晴明《あべのせいめい》でしょうかね。みなさんも知っているんじゃないでしょうか。

この「陰陽道」には「陰」「陽」両方の漢字が使われているわけですが、陰陽道とは中国古来の考え方で「物事の性質を二つに分けて考える」という考え方のことです。

「陰」は日陰のことですね。暗くなっている場所。人が夜になると体を休める場所です。それに対して「陽」はひなた、つまり太陽の当たっている明るい場所のことですね。人が活動的になって、体を動かす場所です。ここから派生して、陰陽道では「陰」に「受動的なもの」のことをカテゴライズし、「陽」に「積極的なもの」のことをカテゴライズします。受動とは、受け身で何かから作用される対象のこと。逆に積極とは、主体的・自主的に何かの作用を起こす側のことを指します。

たとえば陰陽道において、春と夏は陽で、秋と冬は陰とされています。暖かい春と夏は積極的に生物が行動する季節で、秋と冬はあまり行動しない季節である、という解釈なわけですね。

そして「陽＝良い」というわけでもありません。陰陽道は、陽と陰のどちらかに偏りすぎていては良くないという考えです。「え？　陽の方がいいんじゃないの？」と思うかもしれませんが、実は違うんです。

たとえば、毎日元気でうるさい友達ってたまにうっとうしくなってしまうことがありませんか。また、毎日徹夜でもずっと元気でいるというのは不可能なわけで、家に帰ったら体を休めないといけません。陽だけに偏ってしまうのもよくないし、陰に寄りすぎてしまうのもよくない。片方が多い状態ではなく、両方が平等にないといけないのです。

さて、ここまで理解すれば、「陰」と「陽」についてより深く考えることができます。陰も陽も、ただのマイナスとプラスではありません。陽は「積極的に何かをアクションする」という意味であり、陰は「受動的に何かアクションをされる場合がある」という意味であるという認識を持って、「陰イオン」「陽イオン」を考えてみましょう。といっても、この本はあくまで語彙力の本なのでさらっと説明します。

イオンというのは、原子を取り巻いている電子を追い出したり受け入れたりして作られるものです。電子自体はマイナスの性質があるので、これが多ければ陰イオンに、少なくなれば陽イオンになります。

そして陽イオンは、電子を「追い出して」作られるものです。普通より電子が少なくなっているわけですね。そして「追い出す」と言って伝わったと思いますが、積極的な要素がありますよね。

逆に、陰イオンというのは、電子を「受け入れて」作られるものです。電子が受け入れた分だけ、多くなっているわけですね。「受け入れて」作られるということなので、ここには受動的なニュアンスがありますね。

陰と陽の違いを言葉レベルで理解することで、「陰イオン」と「陽イオン」の活動のイメージがつきやすくなったはずです。理科に関しても、一つ一つの言葉を深く理解することが結局は効率的な学習につながるのです。

「蒸発」と「沸騰」の差

「蒸発」と「沸騰」は理科で習う単語ですが、日常生活の中でもよく用いられています。「沸騰してるから火を止めて！」みたいに。しかし、よく使うからとあなどってはいけません。なんとなく似ているこの二つの言葉ですが、理科では明確に区別されています。この違いがわかるでしょうか。また理科にはもう一つ、「気化」というこれもまた似た意味の言葉があります。この三つの言葉の意味は、次のようになっています。

気化…物質が、液体または固体から気体に変わる現象。

蒸発…液体または固体がその表面において気化する現象。
沸騰…液体を熱したとき、その蒸気圧が液体の表面にかかる圧力よりも大きくなると、内部から気化が生じる現象。

つまり噛み砕いてお話しすると、とりあえず気体になれば「気化」、表面から気化すれば「蒸発」、ぼこぼこと液体の内側から気化すれば「沸騰」、という違いになります。

具体例を考えてみましょう。たとえば、コップの中の水やお風呂のお湯は、そのまま放置していると徐々に水が減っていきます。これ、水の表面から水蒸気が徐々に出ていってしまっているためです。この水蒸気が出ていく現象を「蒸発」と呼びます。一方、やかんや電気ケトルの中で温められた水は、ぼこぼこと音を立てながら水の中から気体が出てきます。この現象を「沸騰」と呼びます。そして、この「蒸発」「沸騰」のように気体が出てくる現象を総称して「気化」と呼ぶわけです。

普段は特に意識せずに使っている言葉でも、理科の世界では厳密な定義がなされていることがほとんどです。定義がわかっていないと会話する時に誤解が生じます。また、入試で書き間違えてしまえば、理解しているはずなのに不正解になってしまいます。

こういった定義やその違いを正しく理解するためには、その原理について深く知ることが不可欠です。定義を知り、自分の中で例文を作ってみたり違いを考えてみたりする時間を持つことが、より良い理解につながります。

頻出する「飽和」をマスターする

次もまた実験でよく使う言葉で「飽和」です。この言葉は日常で使うことがあんまりないですよね。ライブ会場が人で溢《あふ》れている時に「飽和してるなぁ」と思う人がいるかもしれませんが、まあ少数派です。この単語も実は、東大生が受験勉強をする中で意識する重要単語です。というのもこの単語は元々化学用語で、たとえば、

飽和水溶液…溶媒（特に水）に溶質がこれ以上溶けることができない状態
飽和蒸気圧…密閉容器内で溶液が気化する際、ある一定量が気体になるとそれ自身の圧力によって気化できなくなる圧力

飽和脂肪酸…ステアリン酸のような、結合内に二重結合や三重結合を含まないのでこれ以上水素を増やすことができない脂肪酸

などと、化学の世界では頻繁に「飽和」というワードが出現しているのです。それだけ「飽和」が示す意味が大事な概念となっていることが分かると思います。

この飽和という言葉の核となるニュアンスは、端的に言えば「定員オーバー！　これ以上無理！」という状態のことです。だから、これ以上溶けることができない水溶液のことを飽和水溶液と言いますし、これ以上水素を付加させることができない脂肪酸のことを飽和脂肪酸と言うんです。

こういう状態は化学の世界以外でも大いにあり得ますよね。

①新しいシャンプーを作って売り出したいと思っているが、市場には多くの種類のシャンプーが販売されていて、消費者の需要がある程度飽和している。そのため本当にヒット商品を生み出そうと思うなら何か特出したアイディアがないといけない。

②今まではバイト応募者を全員採用していたが、最近はバイトの人数が飽和してきて、一人一人に振れる仕事が少なくなってきている。

みたいな感じでしょうか。

ほかにも、この本を読んでいる科学好きな人の中には「サチる」という言葉を使っている人もいるでしょう。オシロスコープに表示することができる以上の電圧を加えてしまった時に「サチっちゃった」なんて言ったりします。これは、飽和の元となった英語「saturation」が由来になっているんです。この「saturation」の「sa」の部分は、満足・満たすという意味があり、「satisfy」などと同語源です。つまりすべて「飽和」という意味なんですね。

「不斉」の「斉」を知る

化学にはこんな単語があります。

「不《ふ》斉炭素《せいたんそ》原子《げんし》」

みなさん、この言葉の意味わかりますか。習っても「なんやねんこれ」って思う人が大半だと思います。まずこの単語の意味は、「自身の周りの四つの原子・原子団がすべて異なる炭素原子」という意味です。

もう少しくわしい話をすると、炭素周りの原子団が四つすべてが異なると、鏡像異性体という「構成は同じなんだけど鏡反転になっているペア」を考える必要が出てくるので、化学においてはとても重要な概念になっています。

いったん話を戻します。この単語の中の「不斉」っていう言葉の意味がイマイチよく分からないですよね。私も、高校生の時に初めてこの単語を聞いた時は、「不斉」自体に「自身の周りの四つの原子・原子団がすべて異なる」の意味があるのか？ とか思っていました。

実際はこの「斉」という漢字に「ととのう、そろう」という意味があり、たとえば「国歌斉唱」や「斉民」など、言われてみれば意味が反映されているのが分かる言葉もあると思います。つまり、不斉炭素原子というのは「不斉＝斉せず＝（炭素の周りの原子が）そろっていない」という意味なんですね。

ほかにも数学用語で「斉次式」なんてものもあります。これは、多項式のうちすべての項の次数が等しいという意味になります。たとえば、「$x^3+4x^2y+z^3$」は斉次式の一方で、「x^3+4x+y^4」は斉次式ではありません。

理系科目でよく登場するけれども意味を知らなかった言葉がいろいろとあったのではないでしょうか。気になった単語や漢字を自分で調べてみると、意外と頭に残ったりするのでおすすめですよ！

第5章　社会は用語を一つずつ理解しよう

「資源」をいくつあげられる？

第5章は社会です。社会も言葉を理解することが成績アップにつながります。たとえば、「偏在」という言葉がなんだかわかっていない人が、社会の授業で「これらの資源は偏在しており、ではどこに偏在しているかというと……」なんて言われても理解できるはずがないのです。

こうならないために、みなさんにはいくつかの言葉をぜひ覚えてもらいたいと思います。さっそくいきましょう。

社会ではよく、「資源」という言葉が使われます。「天然資源が○○」とか「鉱産資源が△△」とか、教科書にはよく書いてあります。でも、この「資源」という言葉、なかなかの曲者《くせもの》なのです。東大の入試問題でも、「資源」という言葉の定義がわかっていないと解けない問題が出題されました。

東京大学二次試験　地理（2020年）　※筆者要約
「高知県と香川県の間では、とある資源がやり取りされており、高知県から香川県に、夏になると不足するとある資源が送られています。この資源とは？」

さて、なんだと思いますか。正解は、「水」なんです。「水」ってあまり資源のイメージがないかもしれませんが、これが正解なのです。先ほどもお話しした通り、この問題が解けるかどうかは、「資源」という言葉をうまく理解できているかが重要なポイントになってきます。

資源というのは、「生産活動に使うエネルギー」のことを指します。生産活動、つまりは工業で何かを生み出したり農業で農作物を作ったりするときに使用するもの全般を指します。なので、鉱物や石油などの「鉱石資源」以外にも、たとえば水とか、場合によっては食料も資源に当てはまるわけです。さらに言えば「風」も、風力発電をするための「資源」と言っていいでしょうね。

香川県は降水量が少なく、夏場は高知県にあるダムから水を供給しています。夏になるとニュースでもよくやっています。「資源」の意味をきちんと理解して、水も資源だとわかっていれば、東大の入試問題といえども中学生でも解けると思います。「資源って言うと、石油とか……?」と考えてしまうと答えられない、奥が深い問題だと言えるでしょう。同じような問題に引っかからないように「資源」の意味をぜひ覚えておいてください!

「偏在」と「遍在」は真逆!

次は「読み方は同じだけど使い分けが必要な言葉」についてです。社会科では、資源の場所についてなどで「偏在」という言葉がよく使われます。「レアメタルなどの資源は、世界各国に偏在しているものであるため、値段の調整を国家間のレベルで行うべきだ」というような使い方がされています。

そして同じ読み方で、さらに漢字もよく似た「遍在」という言葉があります。どちらも「へんざい」なのですが、意味は全然違うものになります。

みなさんは「偏在」と「遍在」、どう使い分けるか知っていますか？

まず「偏在」は、「偏《かたよ》り」という漢字が使われていますね。「偏見」とか「偏狭」とか、そんなふうにかたよっていることを指します。ここから派生して、「偏在」は「特定の場所や地域に偏って存在していること」を指します。

そして「遍在」には、「遍《あまね》く」という漢字が使われていますね。「普遍」「遍歴」など、「広くいろんなところで当てはまること」を指すのが「あまねく」という言葉の意味です。ここから派生して、「遍在」は、「いろんな場所に広く存在していること」を指します。

つまり「資源が世界に偏在している」は、資源が偏って存在している、存在しているところが限られているということになります。たとえば石炭とか石油が当てはまりますね。逆に、「資源が世界に遍在している」だったらその逆で、いろんなところにあるという意味になります。たとえば水や食料品などの、ほぼ世界中にあるものが当てはまります。簡単な「へん」の違いで、まるっきり意味が逆になってしまうので、注意が必要です。

なんとなく同じような言葉だろうと思い込んでいたり、文脈でなんとなく判断していたりする人が多い言葉なので、この機会にそれぞれの漢字の意味を含めて覚えておいてください。

「食料」と「食糧」の使い分け

言葉の使い分けという意味で、もう一つみなさんに覚えておいて欲しい言葉がありま す。「食料」と「食糧」です。地理などでよく出てくる言葉ですね。どちらも食べ物を指す言葉ではありますが、きちんと使い分けできているでしょうか。これってどういう違いなのでしょう。


答えは、「主食の食べ物」のことを「食糧」と言い、それ以外の普通に料理に使うような食べ物のことを「食料」と呼ぶ違いがあります。

「食糧」の「糧」は、「かて」と読みます。「かて」には、生きていく上で必須のものという意味合いがあります。生きる「糧」になる、これがないと人間が生きていけない、というような食べ物のことだから「食糧」と書くのです。だから、「食糧」と呼ぶときには、お米や小麦などの主食に対して使われます。

それに対して「食料」はもっと広く「食べるもの」という意味です。スーパーの食べ物コーナーを「食料品売り場」と言いますよね。主食以外のものも含めて「食料品」なので、お肉でも魚でも野菜でも果物でも、なんでも食料品として売っています。

ちなみに、念のため確認しておきますが、主食とはその地域で日常的に食べられているもののことを指します。お米とかパンとかとうもろこしなどの、穀物類が該当する場合が多いですね。もし「食糧品コーナー」と書いてあるお店があったなら、日本ではお米を売っている場所になるでしょう。まあ、そんな名前のコーナーがあるスーパーなんてないとは思いますが。

さて、これを理解していないと、問題に答えるときに漢字を間違えてしまうことがあります。本当に食べるものがないことを「食糧難」と言いますが、「食料難」とはいいません。「食糧危機」も同じですね。「食料危機」とは書かないんです。ただ単語を覚えるのではなく、字の意味の違いから覚えましょう。

歴史で使われる「回復」は超重要

ここからは、とくに歴史でよく使われる言葉を紹介します。

みなさんは、「回復」というとどんな印象を持ちますか？　おそらく、「心身に傷を負った状態から万全な状態にまで戻ること」と思われる方が多いのではないでしょうか。ゲームとかだとそんな感じですよね。日常で「回復」と言ったときに浮かんでくるのはそちらの意味でしょう。

しかし、歴史を学ぶ上では、身体的な回復という意味だけでは通じなくなることがあります。たとえば世界史では、「〇〇国は領土の回復に成功した」という形で使われます。言い換えれば「〇〇国は領土を取り戻すことに成功した」という意味ですね。一般的に「回復」と言ったときに想定される意味とはちょっと離れています。

世界史や日本史などは、基本的に「領土の奪い合い」がテーマとなります。さまざまな謀略、計略、戦争によって、領土の奪い合いが起こります。もちろん、奪われた側も指をくわえて見ているだけではありません。当然ながら、カウンターとして相手に攻撃を仕掛けることもあります。

そうした争いをみていく時に、どの程度まで、どのような形で領土を得ることができたのかを一言で説明できるワードはあまり多くありません。その中の一つが、この「回復」なのです。

ひとこと「回復した」と書くことによって伝えられる情報は数多くあります。まず大事なのは「かつてその国の領土だった土地が、なんらかの要因によって奪われたか、もしくは失った状態にあったが、それを取り戻すことができたのだ」という長い時間経過をもったニュアンスをたった二文字で伝えられるということです。

ある土地の所有権が国家間を複雑に移動するようなとき、「回復」というワードは非常に有用になります。「○○国は領土を得た」と「○○国は領土を回復した」ではその背後にある、これまでの歴史が違うことが読み取れますよね。

また、どの程度領土を得ることができたのかということについても推察できるところがあります。かつて所有していた以上の土地を得ることを「回復」とはいいませんから、「かつて所有していた土地を、その分だけ、もしくは一部だけ取り戻すことができたのだな。この戦いで新たに得た領地はないんだな」と理解することができます。

たった二文字の「回復」というワードですが、意味を正確に理解していないと、重要なニュアンスを読み飛ばしたり、逆に元の文に書かれていない意味合いを読み取ってしまったりするかもしれませんよ。

公地公民の「公」ってなに？

みなさんは「公地公民制」という言葉をご存じでしょうか？

日本史を学んでいる人は知っていると思いますが、「公の土地と民はすべて天皇に帰属する」という原則のことを言います。ポイントは、この仕組みが施行された時代においては「すべての土地と民」が対象であったということです。頭に「公の」とついていることから、私有地や奴隷は含まないのかと思いがちですが、当時の考えでは、「すべての土地と民は元々天皇のものであって、私有地や私有民もすべて天皇から借りているものにすぎない」という原則が存在していたのです。

この「公地公民制」は、言ってしまえばこれだけの話です。しかし、この言葉がややこしいのは、どんどんこの言葉の指すところがあいまいになっていったところにあります。「公の土地、公の民」の範囲があいまいになり、その代わりに力を増した貴族の存在や発言権はどんどん強くなっていき、最終的には崩壊してしまうのです。「公の」って言うけど一体どこまでが「公」なの？　という話ですね。

そこで同時に理解しておきたい言葉が「荘園《しょうえん》」という単語。荘園とは、要するに私有地のことを指します。当時は工業地域なんてありませんでしたから、開墾された土地はほとんどが農園になっていました。荘園の「荘」は、「別荘」や「山荘」などにも使われる漢字です。この「荘」一文字で、「やど」「私有地」などの意味を有します。

743年、墾田永年私財法が施行されると、中世の貴族たちや寺社仏閣は、こぞって開墾を進めていきます。墾田永年私財法によって認められるところは、「自分の力で開墾した土地は自分のものにしてもいい」というものでした。つまり、開墾すればするだけ、自分の土地を得られるわけです。

そうして開墾を進めた先に待っていたのは、荘園の私物化と公地公民制の崩壊でした。開墾された土地である荘園には、本来税金がかかるはずです。しかし、天皇よりも強大な権力を得ていた当時の貴族たちに寄進して名義だけを貸してもらう抜け道によって、多くの荘園は、もはや課税することが不可能な土地となっていました。

奈良時代から続く公地公民制の原則は、もはや天皇でも手出しできない貴族の私有地に対しては発揮されません。こうして、公地公民制は崩壊していったのです。

一つのワードを理解することは、一つの歴史を知ることにほかなりません。ほかの単語についても同じように学んでいくと、どんどん習得がはやくなっていきますよ！

「冊封・朝貢」でわかる東アジア

最後は、「冊封《さくほう》」と「朝貢」です。日本史、中国史を学ぶ上では欠かせないこの単語ですが、なんとなく「貿易みたいな意味でしょ?」とスルーしてしまってはいないでしょうか。実はこの言葉、日本史、中国史を理解する上でとても重要な言葉なのです。

まず、冊封とは、すなわち中国型の権力体制に組み込まれるということです。この言葉を理解するためには、古代からの中国の思想を知る必要があります。

古代より、中国には中華思想という思想がありました。この思想は、「すべての中心である中国こそ至高であり、それ以外は野蛮族の国である」という考え方です。つまりチャイナ・アズ・ナンバーワン！　という考え方ですね。

この考え方によれば、中国以外のすべての国は、中国から「そこの地方は君が治めていいよ」という許可をもらってはじめて、王として治世ができるというものでした。この「そこの地方は君が治めていいよ」という許可のことを「冊封」といい、「冊封を受ける」ことこそが、当時の東アジア社会で成り上がるために必要なことでした。

冊封を受けることによって得られる利益は多数ありました。たとえば、自分の支配地域を支配するための理由が一つ増えます。「自分はあの中国から冊封を受けているのだから、当然この地域を治める権利がある！」というわけです。いわゆる権威付けの一種ですね。

それ以外にも、冊封を受けている国と冊封を受けていない国では、国際序列的に大きな力の差がありました。冊封を受けているということは、中国の後ろ盾があるということですから、国際競争の場で、多少強気に出ることができたのです。

さて、この冊封を受けるにはどうすればいいでしょうか。そう、中国から気に入られる必要がありますよね。そのためには、中国にいろいろと贈り物をしなくてはいけません。ここで登場するのが「朝貢」です。

朝貢とは、外国の使節が中国へ贈り物をすることを言います。貢物を差し上げることによって、中国に服従の意を示すわけですね。一見すると、貢物をするだけなのですから、朝貢する側の国は大変損をするように思えるかもしれません。

しかし、実際はそうではありませんでした。実は、朝貢を受けた中国朝廷は、相手を空手で帰らせるのもよくないだろうと、大量のお土産を持って帰らせていたのです。ですから、中国とは争えないような小国からすれば、中国に後ろ盾になってもらえて、大量のお土産も持ち帰れる朝貢貿易はおいしい思いができるイベントだったということになりますね。

中国史に関する言葉は深掘りすると楽しいものが多いのでぜひ調べてみてください。漢字一字ごとの意味も関わってきますので面白いですよ。

歴史は「凋落」のくり返しだ！

みなさんは「凋落《ちょうらく》」という言葉を聞いたことはあるでしょうか？　世界史とか日本史ではよく、「この王朝は○○年頃に凋落してしまった」などと書いてありますが、普段の生活を送っている分にはなかなか聞かない言葉だと思います。「凋落」は「勢いを落として衰える」という意味を指します。何か勢いに乗っている状態から、どんどん衰えていき、最終的には地に落ちるような様子を指して「凋落」というわけです。

歴史を学ぶ上ではこれほど欠かせない言葉はありません。なぜなら、歴史とはある勢力の隆盛と凋落の流れを学んでいく学問だからです。

たとえば「○○国は凋落してしまった」というように使った場合は、それまでは勢いがあって栄えていたある国が、なんらかの要因によって力を失い、衰退してしまったという様子を指します。

そして、凋落は国にだけ使う言葉ではありません。もっと狭い単位に対しても使います。例をあげると「こうして貴族社会は凋落し、代わりに武家が台頭してきた」というように使います。この場合は、それまでは勢力を誇っていた貴族社会が落ちぶれてしまい、その代わりに武家が力を持つものとして頭角を現してきたという様子を指します。

また、珍しい使い方では「人が死ぬ」ことも、「凋落」と言います。この場合は病死や事故死よりも「衰え死ぬ」ことを指すニュアンスがあります。こういった使い方があることも覚えておくといいかもしれません。

ちなみに、同じような意味の言葉として「零落」があります。「国が零落する」といえば、それまでは栄えていた国が没落することを指しますし、「貴族社会の零落」といえば、それまでは勢力を保っていた貴族社会が落ちぶれることを指します。


ということで、ここでは、社会科を学ぶ上で基礎になりそうな言葉や、一語から意味が広がる言葉を取り上げました。どれも覚えておいて損はない言葉ですのでじっくり理解して自分の言葉にしてください。また、社会科は用語の多い科目です。本書のような形で、一つ一つについてきちんと理解できているか自問自答し、地道に調べて学んでいくことをおすすめします。

第6章　英語の語彙力＝暗記した単語数？

カタカナ語の元をたどる

次は英語です。英語での語彙力と言われると、英単語をたくさん覚えることと思いがちですが、そうではありません。もちろん数を覚えるのは大事ですよ。大事ですが、ここで紹介するのはたくさん覚える方法ではありません。英語も、ほかの教科と同様に、身近な言葉を深く理解したり似た言葉との違いを考えたりすることで語彙力をあげることができます。さっそく紹介していきましょう。

日本にはカタカナという文字形態があります。とくに外来の言葉を書くときに使われますが、現代でよく使われるカタカナ語の多くは、英語が元になっています。ということは基本的に、カタカナ語の意味がきちんとわかっていれば、それに関する英語はかなり覚えやすくなるのです。

ここからはいくつかのカタカナ語をいっしょに考えていってもらいましょう。

たとえばみなさんは「プロポーズ」という言葉を知っていますか？　「今日彼女にプロポーズするんだ」というような文章が浮かぶかもしれません。「結婚を申し込む」という意味になる「プロポーズ」ですが、もともとは英語の「propose」から来ています。でも「propose」はカタカナ語の「プロポーズ」と少し違う意味を持っています。

正確には、「propose」にも日本語の「プロポーズする」の意味はありますが、主たる使われ方はそれだけではありません。それでは、どんな意味があるかわかりますか？　答えは「提案する」という意味です。そう考えてみると「（結婚を）提案する」というカッコ付きの意味で見ることもできますし、「結婚を申し込む」という意味も違和感なくとらえられるかもしれません。

ここで注意してほしいのは、「提案する」という元の英単語の意味から「結婚を申し込む」という派生を感じ取ることは容易ですが、その逆は難しいということです。「結婚を申し込む」というカタカナ語が、「提案する」という英単語から来ていることを予想するのは、大変難易度の高い連想ゲームになります。

つまりどんな外来語でも、源流となる元々の意味を知っていれば派生後の意味を推察したり、理解したりすることは簡単ですが、その逆は難しいのです。そのため、よく使っているカタカナ語の元になる英単語を知れば、もともと知っていたカタカナ語の意味も含めて、いろいろなニュアンスを感じ取ることができるようになります。これが「カタカナ語から英単語を学ぶ」ことの強みです。

もう一つ例を見てみましょう。みなさんは「プロデュース」というカタカナ語の意味を正しく答えることはできるでしょうか。簡単に言えば「さまざまな方法によって、目的のものの価値を向上させること」という意味が、それらしい答えになるでしょう。最近は「自己プロデュース」という言葉もありますね。それも「自分の価値や魅力をいろいろな方法で向上させる」という意味です。

しかし、英語の「produce」は、これとはまったく意味が異なることをご存じでしょうか。本来の「produce」に「価値を向上させる」という意味は含まれていません。

それでは、どんな意味なのかといえば、「～を生産する」「～を制作する」という意味になります。たとえば、日本産の野菜のことを"vegetables produced in Japan"と言ったりします。つまり「なにかを作り出すこと」を指して「produce」というわけです。

「英語のproduce」＝「日本語のプロデュース」と思い込んでいると英語長文や英作文で困ることになるでしょう。

「end」は「終わり」だけじゃない！

覚えて欲しいカタカナ語についてさらにご紹介していきます！

みなさんは、「end」ってどういう意味かわかりますか。ふつうに考えれば「終わり」って答えると思います。ドラマなどの最後に「end」と出るイメージですね。

でも、実は「end」には「目的」という意味もあるのです。なぜ、「end」が「目的」になるのでしょうか。目的という意味を持った英語にはほかにも「goal」や「purpose」などがありますが、これらの語がなぜ「目的」の意味を持つのかは、そもそも日本語の「目的」という言葉をしっかりと理解していないと見えてきません。

ただ、日本語の日常会話でも、「goal」は「終わり」と「目的」の意味を持ち合わせていますよね。「このプロジェクトのゴールはこれだ」なんて言います。この「ゴール」

という言葉を使いながら、「目的」の持つ根本的な意味を探っていきましょう。

「ゴール」と言うだけでみなさんもなんとなくわかると思うのですが、「ゴール＝目的」は「こんなことがしたい」という最終的な到達点設定のことだと言えます。目的には「的」という字が含まれますが、「なにを望んでいるのか、なにを意図してそういうことをしているのか」ということを表しています。たとえば「お金持ちになりたい」とか「外国人と楽しくしゃべれるようになりたい」とかが当てはまりますね。

似たような言葉で、「目標」というものがありますね。この二つの言葉の違いも考えてみましょう。目標は英語では「target」です。目的にたどり着くために立てる中間の指標や、目的にたどり着くための行動・数字のことを言います。「投資の知識を得るために、10冊本を読む」とか「この本を30ページ読む」という感じで、とくに数字での指標が目標になると思えばわかりやすいでしょう。

そして、目的と目標はしばしば混同されます。「数学の問題集を30ページすすめる」「宿題を終わらせる」というのは、目標であって目的ではありません。

目的を達成するためにどんな目標を設定するか、または、その目標を達成することでどんな目的がかなうのか、こういうことを考えていないと、目的と目標がこんがらがってしまうわけですね。

そして、物事の終わりを指す「end」にも「目的」という意味があることは、以上の「目的」と「目標」の違いを踏まえればわかってくるのではないかと思います。

たとえば「英語をしゃべれるようになりたい」と思って、「英語の塾に通おう」と考えたとします。このとき、「英語をしゃべれるようになりたい」というのが「目的」で、「塾で週3日勉強しよう」というのが「目標」です。では、その塾に通うのが「終わり」になるのは、いつでしょうか？　目的にしていた「英語がしゃべれるようになった」ときですよね。そうなんです、「物事が終わる」ということは、「その目的を達成したとき」と同じだと言えるのです。だから、「end」は「目的」の意味があるのです。

ちなみに、「end」には、ほかにもいろんな意味がありまして、「end of the table」で「テーブルの端」という意味になります。テーブルの終わりに近い位置にある場所なわけですね。

「end」も「goal」も、一般に「終わり」と思われている英単語ですが、実にいろんな意味を内包しています。熟語的な表現も多い単語です。英語長文等で出てきた場合は「終わり」以外の意味がある可能性を考えながら読むといいでしょう。

「フィナーレ」から経済まで

さて、「end」以外にも、「終わり」という意味から派生して面白い意味になる英単語があります。たとえば、「フィナーレ」「フィニッシュ」「ファイナル」という言葉がありますね。どれも「終わり」というニュアンスを含んだ言葉で、日本語で会話するときもそのまま使うことがあると思います。

さて、この三つの言葉をそれぞれ英語で書くと「finale」「finish」「final」です。なにか気づきませんか？　そう、どれも「fin」というスペルが含まれている言葉なんです。「fin」って、よく映画で見ますよね。終わりに「fin」と表示されます。「fin」だけでも、「終わり」や「限界」などの意味を持っているわけです。

そして重要なのが、「経済」を指す「finance」（ファイナンス）にもfinが使われていることです。経済に「終わり」というニュアンスが含まれるのは、なぜなのでしょうか？

もともと経済という言葉は「経世済民」からきています。そもそもは「世の中をよく治めて人々を苦しみから救うこと」を指す言葉ですが、今は広く「お金のやりとりをすること」を「経済」と呼んでいます。

さて、お金をやり取りする際には、「お金を支払って終わらせる」「必要な料金・借金を払い終わる」という性質がありますよね。「これで借金はゼロだ！」「これで支払いが終わった！」という状態、世の中のお金のやりとりがうまくいっていて、多くの人にお金が広まっている状態・状況を、「経済」と言っているわけですね。つまり「finance」は、お金のやり取りが「終わり」を含んでいるというところから「fin」がついた単語になっているのです。

ちなみに、フィナンシェというお菓子は、金の延べ棒みたいな見た目から「ファイナンス」と似た音で「フィナンシェ」と名付けられたそうです。フィナンシェを食べるときに思い出してみてください。

「終わり」「お金の支払いがうまくいく」「人々を救う」、果てには「お菓子」と、いろんな言葉に派生していっているのが面白いですね。

さらに実は、日本語でも、同じような意味の言葉がありますので紹介しておきましょう。それが「和」です。「和」は、ある計算の合計のことですね。お金の計算も含みます。そして、平和とか和睦とか、争いがなくなることも指します。さっきと似てますよね。「お金の合計が間違っていない・勘定がうまくいっている」＝「お金のやり取りがうまくいっている」という状態が、「平和」という意味と同居しているわけです。先ほどの「ファイナンス」と似てます。

そういえば、お金の単位である「円」も、「大団円」などうまくいった終わりの状態を示す言葉に使われていますね。

「ターム」から派生する言葉

「終わり」から派生する言葉はまだまだあります。「ターム」という言葉も同じです。

映画「ターミネーター」を知っていますか？　ロボットが人類を滅ぼすという内容のアクション映画ですが、この「ターミネーター」はどういう意味でしょう。駅に書いてある「ターミナル」と何か関係あるのでしょうか？

答えを先に言うと、ターミネーターは造語なのですが、似た言葉の「termination」が「終了」という意味で、ターミネーターは「終わらせるもの」という意味になります。ターミネーターのスペルは「terminator」で、「terminate（「終結する」「終わる」という意味の動詞）」＋「or（～する人）」という構造になっています。

「あれ？　ターミナルと似た音をしているけれどターミナルとは関係ないのかな」「ターミナルに終わらせるって意味はないもんな」なんて考えた人もいるかもしれませんが、実は「ターミネーター」と「ターミナル」には大きな関連性があります。

一度、ターミナルについて考えてみましょう。みなさんもターミナルって利用しますよね。駅前にはバス乗り場である「バスターミナル」というものがありますし、飛行機を使う人は「第1ターミナル」や「国際線ターミナル」という場所に行くでしょう。

この「ターミナル」って、一体なんなのか想像できますか。なんとなく交通機関の乗り降りする場所かなと思っているかもしれませんね。でもそうしたら「ターミナルケア」ってなんなんでしょう？

ターミナルという言葉について説明する場合、「term（ターム）」という英単語のことを説明しなければなりません。これは、「範囲の限定」を原義に持つ言葉で、「期間（時間を限定する）」や「用語（言葉の意味を限定する）」という意味を持ちます。

というわけで、「ターミナル」というのもこの「範囲の限定」で理解できます。バスや飛行機の路線範囲を限定するためのものとして、出発点であり終着点である場所を指すのが「ターミナル」なのです。

範囲を限定するのに必要なのは、「最初」と「最後」です。最初と最後があるから、その間が生まれる。無限の時間がある中で、「4月から7月まで」と最初と最後を決めることで「1学期」という範囲が生まれますよね。始まりであり、終わりでもある。これが「ターム」という言葉なのです。

そこで先ほどの「ターミナルケア」という言葉。これは日本語では終末期医療と訳されて、「終末期患者をはじめとする余命が近い人に対する緩和的な医療行為のこと」を指します。人生という範囲の「終わり」にいる人に対するケアということですね。

ターミネーターは「終わらせるもの」という意味でした。いわば「人類が始まってから今まで続いてきた人類の歴史を、終わらせて、ここで人類史という範囲を限定する」

という意味だったわけですね。

「エンド」に「フィナーレ」に「ターミナル」……これらのカタカナ語を覚えていれば、英語がかなり覚えやすくなります。

さて、「ターミナル」を覚えたみなさんであればきっとこの英単語もすっと頭に入ってくるだろうと思います。「determination」、この英単語をご存じでしょうか。この英単語にも「term」が入っていますが、意味は「決心」とか「決意」とかそういう意味です。一見、「範囲の限定」とは関係がなさそうな意味ですが、しかしよく考えてみるとわかるはずです。「決心」する時に、私たちは「悩んでいる状態」に終止符を打ちますよね。「どうしよう」とか「この選択で本当にいいんだろうか?」というふわふわした状態をやめて、「決めた、こうするぞ」と「悩みを終わらせる」から「決心」なのです。

一つがわかれば関連する単語が覚えやすくなる感覚をつかんでいただけましたでしょうか。これが語彙力の学習のポイントです。

「フォーム＝形」を応用する

カタカナ語でもう一つ覚えておいて欲しいのは、「フォーム」です。よく聞く言葉ですよね。たとえば、野球やテニスなどのスポーツで「フォームがいい」と言います。ですがこういったときに使う「フォーム」とは、いったいどういう意味でしょうか？

フォーム＝「form」は「形」、もっと言うと、「外から見たときの形」のことを指します。たとえば、野球やゴルフ・テニスでは「どの位置に腕が来ていて、どの位置に脚があって……」と、外から見た特徴を指して「フォームがいいね」とか「フォームが少し違うね」と言いますよね。つまり、「形」であり、外から見た「外見」のことを指して、「フォーム」と言うのです。

近いニュアンスの言葉に「フォーメーション」というものがありますが、これは「外から見たときにどう並んでいるか」を指す言葉になるわけですね。また、同じような意味で、「フォーマット」という言葉がありますね。これは「ほかでも使えるような型」のことを指します。

さて、「フォーム＝形」であるとわかれば、「形」という言葉から派生させていろんな意味の言葉を理解することができます。

たとえば、「フォーマル」という言葉がありますね。「明日はフォーマルな格好で来てくださいね」というような使い方をします。面接のときなどに言われて困ったという人もいるでしょう。この場合の「フォーマル」は、どういう意味になるのでしょうか。どんな格好をしていけばいいのでしょうか？

これ、ただ「しっかりした格好」だと考えている人も多いのですが、たとえアロハシャツであっても、「フォーマルな格好」になることがあります。

フォーマルとは、その場に合った、正式な格好のことを指します。「形通り・型通り」と言うのは、言ってしまえばその場に応じた型と同じであることを指します。「フォーマルな格好」と言ったら「その場の形式にあっていること」、そこから転じて「形式ばっていて外見的にしっかりしている状態」のことを指すわけです。

あ、「形式ばっている」という日本語は知っていますか。形式とは、形に合わせていることを指し、そこから転じて遊びがなく、完全にそれにのっとっている状態のことを「形式ばっている」と表現するわけですね。だから、その場が堅苦しい場所であれば、その形式通りの格好をすることを指すわけですね。

ですので、もしハワイでのパーティーなんかに招待されて「フォーマルな格好で」と言われたら、スーツではなくアロハを着ていってもいいわけです。ちなみにNGな柄などはあるそうですのでお気をつけて。

また、「ユニフォーム」という言葉にも「フォーム」が入っていますね。一体なぜ「フォーム」が入っているのでしょうか。フォームが「形」だとしたときに、「形」と「制服」って一見結びつかなそうですが……。

これは、「ユニ」と「フォーム」で分けて考えていくと見えてきます。「ユニ」は、「ユニコーン（一角獣）」のユニと同じで、「1」という意味になります。すると「ユニフォーム」は「一つの形」という意味になるわけですが、これだけだと「制服」となかなか結びつきませんね。

でも、「一つ」が「服」のことを指しているのだと気づけば、簡単に理解できてしまいます。制服って、つまりはみんなが同じものを身に付けている状態ですよね。「一つの見た目の形に統一されている」わけです。だから、「ユニフォーム（一つの形）」＝

「制服」になるのです。

これと同じような感じで「conform」を考えてみましょう。「con」は「一緒」という意味があるので、「一緒の形にする」という意味になります。「一緒の形にする」とはつまり「別の形を認めずに一つの形に統一してしまうこと」であり、それが「従う」という日本語訳になるのです。

いかがでしょう。「form＝形」から派生して、新しい言葉を理解できるようになるわけですね。

「vivid」の「vi」に着目

みなさんは「鮮やかな色」ってどんな色だと思いますか？

絵や花を形容するときに、「この絵の色彩は非常に色鮮やかだ」とか「この花壇は鮮やかだ」とか言いますよね。なんとなく、原色系で色とりどりの様子を想像するのではないかと思います。実はこの日本語の「鮮やか」がどんな意味なのかわかっていないと、英訳である「vivid」、そして「vi」とついたほかの言葉もわからなくなってしまいます。

まずそもそも、「鮮やか」の「鮮」って、どういう意味の言葉ですか。「鮮度」という言葉がありますが、これは魚などが獲《と》れてからどれくらい時が経《た》ったのかを示す言葉です。「鮮魚」とか「新鮮」という言葉もありますが、これは食材がまだ取れたてで、なまなましい状態のことを指しますね。

鮮やかというのは、「生」のニュアンスを含むのです。ですから、「鮮やか」と似た意味でよく使われるのが「生き生きとした」という言葉です。「生きている感じ」のことを、「鮮やか」というのです。

そしてこれがわかると、英語もたくさん覚えられます。英語で「鮮やか」という言葉は「vivid」と言います。「vivid color」は、彩度の高くて目立つ、原色のような色のことを指しますね。

そして、この「vivid」には「vi」というつづりが入っていますよ。これは、「生きる」という意味が関わる言葉なのです。「vi」とか「vit」とか「viv」とか、そういうつづりが入っている単語は、「生きる」という意味が含まれていることが多いのです。

たとえば、「バイタリティー」って、日本語にするとなんて言うかわかりますか？

「生命力」「活気」という意味です。バイタリティーは英語で書くと「vitality」ですが、この最初にある「vi」は、vividと同じく、「生命」という意味なのです。

そんな「vi」が入っている言葉の中に、「vital」という言葉があります。これは「大切」という意味なのですが、なぜ「大切」なのかわかりますか？　「vi」は「生きる」と言いましたが、「生命」とは大切なものです。「生命に関わるほど重要なこと」を、「vital」と表現するのです。やっぱりここにも「生きる」があるわけですね。

また、私たちがよく摂《と》っている栄養素である「ビタミン」もつながっています。ビタミン＝「vitamin」も、最初に「vi」とついていますよね。ビタミンは、三大栄養素である脂肪、糖質、たんぱく質などとともに、人間が生きていくうえで必要不可欠な栄養素のひとつだと言われており、体の中で三大栄養素の代謝を助ける働きをするそうです。

つまり、生命に関わるほど大切な栄養素ということで、「vi」＝「生きる」が入って、ビタミンと呼ばれるようになったということですね。ちなみに、有名な栄養ドリンクであるチオビタドリンクのビタも、ビタミンから取られているそうです。

英語は接頭辞で推測できる！

英語の語彙力に関して、最後に紹介しておきたいのが「接頭辞」です。接頭辞とは、単語の頭について、意味を追加してくれるような細かい言葉のことを言います。英語だけでなくいろいろな言語に接頭辞はあります。

たとえば、日本語の場合だと、丁寧な意味を追加してくれる「お」などが当てはまります。「みそ汁」という言葉に「お」をつけると「おみそ汁」となって、少し丁寧な印象がもてるようになりますよね。

英語の場合はこの接頭辞が非常に多く、じつにいろいろな種類の意味を追加してくれます。英語を理解するうえで、この接頭辞を無視することはできません。

中でも、覚えておいて欲しいのは、接頭辞である「in-」と「ex-」です。これらはそれぞれ「○○の中に～」と「○○の外に～」という意味を持っています。注目していただきたいのは「in-」が「中に」、「ex-」が「外に」という正反対の意味を持っているということです。

「include」と「exclude」という単語についてみてみましょう。みなさんはこの単語の意味をご存じでしょうか？　普段から英語に触れていない方にとっては、少し難しい単語かもしれません。片方ならともかく、両方ならなおさらです。しかし、今回のケースに限っては、片方の意味を知ってさえいれば、もう片方の意味も理解することが可能になります。なぜなら「in-」と「ex-」の意味は正反対だからです。

先に片方の意味だけお教えしますね。「include」の意味は「～を含む」というものです。それでは、この意味を踏まえて「exclude」の意味を予想してみてください。

ここまで聞いたらきっと「～を含まない」という答えが浮かんでくるのではないでしょうか。「exclude」の意味は「～を除外する」というものです。「～を含まない」というニュアンスもありますから、これでも十分意味を理解することはできますよね。

同じように「import」と「export」についても考えてみましょう。「import」は「in-」ではなくて「im-」じゃないかと思われるかもしれませんが、nという音はbやpという音の前にある場合はmになるという法則が英語にはあるので、これらは実質同じものになります。

ヒントとしては「import」は「輸入する」という意味になります。ここまで言えば、なんとなくもう片方の意味も分かるでしょう。そう、「export」の意味は「輸入する」の反対である「輸出する」になるんですね。ちなみに、「port」には「港」という意味がありますので、港を出たり入ったりすることと考えればイメージがつきやすいのではないかと思います。

最後に練習問題です。先ほど出てきた「form」と接頭辞の「in-」を合わせた単語「in-form」の意味を考えてみてください。「form」が「形」を表して、「in-」が「中」という意味を追加することを考えると、きちんとした意味は答えられずともニュアンスはおのずとわかってくるのではないかと思います。

考えましたか?

答えを発表します。「inform」にはいくつかの意味があり、とくに「知らせる」や「心を満たす」という意味でつかわれることが多い単語です。イメージとしては「ものやこころを相手の中に形作る」という感じですね。

細かな意味までバッチリ当てるのはちょっと難しいかもしれませんが、逆に、言葉の派生を推測して考えることでニュアンスはかなりつかめるのではないでしょうか。

一つの英単語を暗記しても通常は一つの意味しかとることができません。しかし、本書であげたように派生する幹になるような単語を知り、そして接頭辞を理解していく学び方であれば、一つの言葉からどんどんと広げて理解していくことが可能になります。ここに紹介した以外にも、接頭辞や幹になる単語は数多くあります。それらをマスターすることでより多くの語彙を学ぶことができるでしょう。

PART3

実践問題で語彙力を鍛えよう

第7章　日本語⇔英語の両面から学ぶ

『人間失格』を英訳してみよう

PART1、PART2と読んでいただきありがとうございます。

ここまで、語彙力がつくような面白い話を紹介してきました。みなさんの「語彙力」も高まってきたのではないかと思います。しかしそれでは、「この本を読むだけで終わり」になってしまうかもしれません。

歯医者さんに行って「虫歯の治療をしてください」と言ったのに、痛み止めを渡されただけだったらみなさんはどう思うでしょうか。「いやいや、根本的なところを治してよ」と思うことでしょう。PART1とPART2で、語彙力を勉強する意義や、わからない言葉は徹底的に調べるという基本の勉強法、最低限知っておくべき語彙などは伝えられたと思うのですが、根本的に「どんなふうに語彙の勉強を進めればいいか」ということを僕はまだお伝えできていませんね。僕はヤブ医者ではありませんので、ここからは「どうすれば語彙力がつくのか」「語彙力アップの実践」についてみなさんと共有できればと思います。

僕がおすすめしているのは、日本語から英語に直したり、英語から日本語に直したりする「翻訳」のレッスンです。ほかの言語ではどう表現するのかを勉強することで、実は語彙力というのは格段にアップするのです。

たとえば、太宰治の『人間失格』という小説が、世界ではどのように英訳されて販売されているのか、みなさん知っているでしょうか?

多くの人は知らないと思うので、ここでみなさんに考えてみてもらいたいと思います。「日本語の言葉を英語だとなんと表すのがいいのか」を考えると、その言葉の持つ意味や奥深さ、またはその表現に隠された真意などが見えてくることがあります。

『人間失格』、ある男の転落人生を描くこの小説は、その人間らしい葛藤や人間臭さから大きな評価を得ている文学作品です。すばらしいタイトルですが、ひとまず直訳をしようとして辞書をひくと「失格」は「disqualification」と出てきます。ですので、機械的に翻訳をするだけだと「disqualification of human being」という訳になります。

しかし、これって正しいのでしょうか。

「disqualification」は、レースや試合などに出場する資格がない状態のことを指します。「この試合に出るクオリティ（＝資質）がない」という意味になるわけですが、それは本当に、小説『人間失格』のタイトルとしてふさわしいと思いますか？

ただ日本語を英語にするだけでは、意味やニュアンスが伝わらないのです。本当の語彙力というのは、こういう場合にその言葉の持つニュアンスや背景を知り、深く解釈する力のことだと思います。小説『人間失格』を解釈して、「失格」に込められた意味を深く理解しなければ良い英訳はできない、その試行錯誤のなかで育まれるのが本当の語彙力なのです。その意味では「失格」＝「disqualification」という語彙を知っているのはすばらしいことではありますが、しかし「語彙力がある」とは言えないのではないかと僕は思います。

そう考えた時に、どうでしょう？　みなさんは『人間失格』をどう訳しますか？

西尾維新の小説『クビシメロマンチスト』には「人間失格」と呼ばれるキャラクター

が出てくるのですが、英語版においてそのキャラは「human failure」と言われていました。「human failure」は、「failure」が「間違い」とか「失敗」という意味なので、実際に英語圏で使われる時には「human error（＝人的ミス）」と同じようなニュアンスの言葉になります。ただ、ここではそういう意味ではなく、「失敗作の人間」みたいな意味合いが込められていることがわかります。端的に表現されていてとても面白いですよね。

ちなみにこの小説では、「人間失格」と同じような意味で、主人公のことを「欠陥製品」という言葉で表現しています。こちらは英語版だと「damaged goods（＝ダメージを受けた品物）」と訳されていました。これも見方によっては「人間失格」っぽいかもしれませんね。少なくとも、先ほどの「disqualification」よりは「それっぽい」と感じる人も多いでしょう。

さて、実際に売られている太宰治『人間失格』の英語版タイトルですが、ここまで出てきたどの表現とも違います。

『No longer human（＝もはや人間ではない）』です。

かっこいいですね。「No longer」で、「もはや～ない」という意味になるわけですが、これが「人間失格」の正式な英訳タイトルになっているわけです。なるほど確かに、「人間失格」の内容を考えてみると、自分は人でなしで、人間として間違っている、というニュアンスなので、「No longer human」は納得できるタイトル付けだと思います。短く言い切っている点も元のタイトルに近いですし、「もはや」っていう言い回しもすごくぴったりに感じますよね。

このように、「その表現をどのように翻訳するか」という過程の中で、語彙力というのは磨かれていきます。翻訳するときには、まず言葉を芯の部分から理解する必要があります。その表現が持つ奥深さ、その言葉を選んだ意味などを理解したうえで、ほかの言語の中でぴったりくる言葉を探して、結びつけるという過程をたどらないと、きちんと翻訳することはできないのです。

ですから、みなさんが言葉を根本から理解し、本当の語彙力を手にしたいと思うのであれば、翻訳してみることがおすすめなのです。

「あいつら全員同窓会」を英訳すると？

えーでも翻訳なんて難しそうと思う人もいるかもしれませんが、そんなことはありません。身の回りのもの、自分の趣味などから実践してみると、ちょっとしたものでも勉強になるものが多いことに気づけると思います。

一例として、みなさんがよく聞いている音楽に目を向けてみましょう。

みなさんは「ずっと真夜中でいいのに。」というアーティストを知っていますか。「秒針を噛《か》む」「お勉強しといてよ」などの曲が有名なすばらしいアーティストで、僕も大好きなのですが、この中に「あいつら全員同窓会」という曲があります。

「あいつら全員同窓会」。これってどういう意味だと思いますか。そのまま読むとわけがわからない感じですが、「あいつら」と主人公が揶揄《やゆ》する「誰かたち」が、みんなで「同窓会」のようなことをしているという意味なのでしょう。ずっと変わらない仲間内で、他を排除しながら楽しんでいる……なんとなくそんなイメージが伝わってきますよね。

では、この英語版ってどんなタイトルになるのでしょうか。辞書を持ってきて「同窓会」は「reunion」だから……なんて考えると、先ほどの『人間失格』のようになってしまいますので、表現が意味するところから考えていきましょう。

「あいつら全員同窓会」、この言葉を使う状況を想像してみてください。

僕が想像するに、ですが、ファミレスに一人で座っていたら、隣の席に座っている学生グループがくだらない話で盛り上がっていたり、わけのわからない話で笑っていたりしていて、ちょっとうるさくて、なんとなく疎外感を覚えて、「なんだよあいつら。同窓会でもやってるのかよ」なんて脳内で愚痴を言っている情景が目に浮かびます。みなさんにもそういう経験ありませんか？ あると言う人は、僕と同じ陰キャなんじゃないかなと思います（笑）。

さて、この情景を含んだ英語版のタイトルはどうなっているんでしょうか？

正解は「Inside joke」、つまり「内輪ネタ」です。

「内輪で盛り上がれるような冗談、インサイドな空間だけで通じるようなジョーク」という意味ですが、これが「あいつら全員同窓会」の英語版タイトルなのです。なんだか腑《ふ》に落ちますよね。くだらない話で盛り上がっている感じを表現する的確なタイトルだと思います。この話を知ると、「内輪」「Inside」という言葉の語彙の広がりが理解できるのではないでしょうか。

また、翻訳ではなくても、英語のタイトルがついている曲に対して「なぜこの曲名なんだろう」と考えると、見えてくる世界があります。

たとえば僕は「Mr. Children」というロックバンドが好きなのですが、その中に「SINGLES」という曲があります。失恋を歌った曲なのですが、なにか変に思うポイントはありませんか？　そうです、「SINGLE」って一つという意味ですから、そこに「SINGLE'S」という複数形のSがついているのはおかしいですよね。「一つなの？　二つなの？」と思ってしまいます。

なぜこの曲は、「SINGLES」なのでしょうか。

英語には、可算名詞と不可算名詞、つまり「数えることができて複数形になる名詞」と「数えることができなくて複数形にならない名詞」があります。「work」は「仕事」という概念だから普通は数えられませんが、「works」と複数形になる場合もあり、これは数えられるものである「作品」という意味になって、「複数の作品」のことを

「works」と表現することがある……というのは、よく高校生が英語の時間で習っていることだと思います。

この可算名詞と不可算名詞のことを理解した上で、最初の疑問に戻りましょう。「SINGLE」が可算名詞になると、どういう意味になるのでしょうか？

答えを言うと、「独身の人」という意味です。二人が付き合っていたら「カップル」になりますよね。それに対して「俺いまシングルなんだ」と言ったら、「俺はいま恋人とかいないんだよね」という意味になりますよね。「SINGLE」が可算名詞になる場合は「独身で、相手がいない状態のこと」を指すのです。

そう考えたら、この曲のタイトルの意味がわかるのではないでしょうか。二人の人が付き合っていて、別れてしまった。でも二人とも、お互いに未練があって、新しい恋人はできていない。両方とも、「SINGLE」な状態。「couple」が「singles」になった状態。それが、この「SINGLES」という曲名に込められた意味なのではないかと考えることができます。

このようにすれば、単数形と複数形の話の復習になりますね。いつも聞いている曲のタイトルの意味を考えることで、その曲に対する理解も深まってより「いい曲だなあ」と感じる割合が増えると思いますし、なおかつ勉強にもなるわけです。

曲名だけでなく、曲の一節自体にも、考えてみると面白い「語彙」の話はたくさんあります。一例を紹介しましょう。みなさんは「椎名林檎《しいなりんご》」というアーティストを知っていますか。「東京事変」というロックバンドのボーカルで、「群青日和《ぐんじょうびより》」「丸の内サディスティック」「NIPPON」など数々の名曲を歌い上げた歌手です。僕も大好きなアーティストなのですが、椎名林檎さんは自身の曲の英語版を発表することがあります。

その椎名林檎さんに「孤独のあかつき」という曲があります。

英語版と日本語版があるのですが、日本語版に「走り出せ　地球は大きいから」という歌詞があります。これ、英語版ではどんなふうに表現しているかわかりますか？

正解は、「run and see. The world is way too big to hesitate」です。

「地球は、ためらうには大きすぎる道だ」と訳しているのです。「too～to―」で「―するには～すぎる」という表現を使って、「ためらうには大きすぎる」と訳しているのが、とてもかっこいいと思いませんか？　ただ「地球は大きい」とするのではなく、ちょっと洒落《しゃれ》た言い回しになっているのがとてもおもしろいですよね。これを理解すれば、「too～to―」・「―するには～すぎる」という言葉のニュアンスが持つ言葉の広がりを理解することができるようになると思います。

和英辞典と国語辞典を両方使おう!

以上の「翻訳」勉強法を実践する際におすすめなのが、国語辞典や漢字の参考書を、和英辞典や英単語帳と一緒に使う勉強法です。たとえば「徒労」という言葉がありますね。国語の現代文に出てきたので覚えておかなきゃと思ったとします。そういう時に、「じゃあ、徒労って英語でなんて言うんだろう」と検索して、英語も一緒に書き込んでいくのです。

これは、一緒に英語を覚えるためではありません。二つの言語を合わせて覚えることで単に覚える以上の効果が生まれるのです。

「徒労」を英語で言うと「waste」となります。これは、「浪費」や「無駄な」という意味のある英単語です。「徒労」と「waste」をセットで覚えておくと、日本語の「徒労」のイメージがより広く、具体的に理解できるようになります。「徒労」「浪費」「無駄」……そんな語彙の持つイメージを、「waste」という言葉を媒介にして一気に理解できるわけです。イメージやニュアンスをつかむために大変有効ですよね。

もっというなら、意外な英語になってびっくりなんてこともあります。人の顔のことなどを「容貌」と表現しますね。漢字で勉強することがあると思いますが、これを英語でいうとなんと表現するかわかりますか。正解は、「looks」です。カタカナの日本語でもありますよね、ルックス。よく「ルックスがいい」とか言いますよね。あのルックスが、「容貌」なんです。このように、漢字では難しいけれど、英語に直してみると簡単、なんてこともあります。

そして、この日本語→英語の過程で「ズレ」があるのが面白く、また勉強になるポイントです。たとえば「矜持《きょうじ》」という日本語がありますが、みなさんはこれをどんなふうに訳しますか。英語に直そうとすると真っ先に出てくるのが「pride」という言葉になります。プライドも、カタカナの日本語になっていますよね。でもこれ、微妙にニュアンスが違うんです。

「矜持」はプラスな意味で、「誇りを持っていること・自立していること」などを指します。でもプライドは、マイナスな意味で使われる場合が多く、「自尊心・自慢」とかそういうニュアンスの場合が多いです。だから一概に、「矜持」＝「プライド」と言ってしまうと、間違いになる場合があるわけです。このような、微妙な英語と日本語の差を理解すると、「日本語の矜持はプラスな意味なんだな」とわかって、国語の問題でも「あ、この筆者は「Aは矜持を持っていた」と書いているということは、Aのことを評価しているんだな」とわかるようになります。

翻訳の実践問題

語彙力というのは、「日本語から英語に翻訳しよう」「この言葉にぴったり対応する言葉はあるかな」と、言葉を選びながら思い悩む作業の中でこそ、磨かれていくと言えるでしょう。今回、いくつか翻訳の問題を用意しましたので、ノートやメモを用意してぜひ解いてみてください。

問題

問1　傍線部のひらがなを漢字に直し、また、その意味を表す英単語も答えよ。

（1）相手の無礼な態度を私はじっとがまんした。

（2）彼の行動は学校のちつじょを乱す。

（3）彼の病気は特殊なしょうれいだ。

（4）日本人にはお米を食べるしゅうかんがある。

（5）東京は日本のしゅとである。

（6）路上に車を無断駐車するとばっきんを課されることがある。

（7）彼は日常会話にせんもんようごを使う嫌な奴だ。

（8）私たちは1週間かけてもくてきちにたどり着いた。

(9) ドイツではかつてマルクがつうかとして使われていた。

(10) じぞくかのうな海洋の開発方法を研究している。

問2 次の英文はある四字熟語を表している。英文が示す四字熟語を漢字で書け。

(1) Endurance of hardship
ヒント…中国の故事成語

(2) Turn everything around to one's advantage
ヒント…turn~to one's advantageで「~を都合よく使う」という意味

(3) Bitter enemies in the same boat
ヒント…中国の故事成語

(4) Follow others blindly

ヒント…blindly は「盲目的に」という意味

（5）Be surrounded by enemies on all sides

ヒント…中国の故事成語

（6）Killing two birds with one stone

（7）Good seed makes a good crop.

（8）So many men, so many minds.

（9）Don't make a mountain out of a molehill.

ヒント…molehill は「モグラ塚」、つまり少量の土の山を指す

（10）Don't put the cart before the horse.

ヒント…cart は「荷車」

問3　次の英文が表すことわざを日本語で書け。

（1）Nothing ventured, nothing gained.

（2）After the storm comes a calm.

（3）Better to ask the way than go astray.

ヒント…astray は「道に迷って」という意味を持つ副詞

（4）Let sleeping dogs lie.

（5）Even a worm will turn.

（6）Too many cooks spoil the broth.

ヒント…broth は「だし汁、薄いスープ」という意味

（7）Many drops make a shower.

（8）Two heads are better than one.

（9）A good medicine sometimes tastes bitter

（10）The grass is always greener on the other side of the fence.

解答・解説

問1

（1）漢字＝我慢　英単語＝patience/tolerance/endurance など

「がまん」と和英辞典で検索すると複数の単語が出てきます。互換可能な場合も多いですが、それぞれどのような場合に使われることが多いのかについても辞書などで調べてみましょう。

（2）漢字＝秩序　英単語＝order

和英辞典で「秩序」と検索すると出てくるのが、orderですが逆にorderを英和辞典で調べると、「順序」などといった意味も出てきます。両方とも「序」という漢字を含んでいることから、「order」は漢字でいうところの「序」と同じ意味なのかもしれない、などと類推することもできます。

（3）漢字＝症例　英単語＝case

「ケース」は日本語でも使うことがありますが、英語の場合だとさまざまな意味を持っています。日本語と英語の意味のずれを問う問題も多いので「case」の意味をしっかりと確認しておきましょう。

（4）漢字＝習慣　英単語＝custom

和英辞典で「習慣」と調べると、「custom」、「habit」の二つの英単語が出てきます。それぞれ「社会的な習慣」、「個人的な習慣、くせ」と覚えましょう。この問題の場合、

「社会的な習慣を表しているので、答えは「custom」になります。

（5）漢字＝首都　英単語＝capital

「capital」には首都のほかに、大文字、資本などの意味があり、また、「capital punishment」は「死刑」という意味を表します。どの意味も「頭」に関連する意味であることが分かるでしょうか。首都は国の頭、大文字は文章の頭、お金関係では「頭金」などという言葉もありますよね。capital に含まれる「cap」は「帽子」を意味し、これはもちろん「頭」にかぶせるものです。

（6）漢字＝罰金　英単語＝fine

「fine」の意味として最初に思いつくのは「元気だ、天気が良い」などではないでしょうか。これを機に、「罰金」という意味もあることを覚えておきましょう。

（7）漢字＝専門用語　英単語＝term

「term」には実にさまざまな意味がありますが、それらに共通する意味としては「何かの流れを区切る」ことを表していると言えます。時間の流れを区切れば「学期、期間」という意味になりますし、視点を区切れば「観点」といった意味になりますし、言葉の意味を区切れば「専門用語」という意味になります。

（8）漢字＝目的地　英単語＝destination

「運命」を意味する「destiny」は日本語の文脈でも耳にすることが多い英単語ですが、実はそこから派生して「destination」という名詞も存在します。そこに行くことを運命づけられている、決定されているということから、「目的地」という意味を表します。人だけではなく、物の「送り先」にも使われます。

（9）漢字＝通貨　英単語＝currency

「通貨」を表す英単語は「currency」です。元となった形容詞「current」は「現在の、最新の」という意味で覚えていると思いますが、そこから意味は広がり、現在広く受け入れられている、流行している、流通している、などのニュアンスも表現します。それゆえ名詞形「currency」が、流通するもの、すなわち「通貨」の意味を持つのです。

（10）漢字＝持続可能　英単語＝sustainable

「維持する、支える」という意味の動詞「sustain」に、「可能」の接尾辞「-able」が接続してできた単語です。近年よく耳にするSDGsとは「Sustainable Development Goals」の略であり、「持続可能な開発目標」と訳されます。将来にわたって暮らし続けていくために、現在の地球上に存在する問題について考えていこう、ということです。

問2

（1）臥薪嘗胆《がしんしょうたん》

直訳すると「困難に耐えること」となりますが、それを中国の故事成語で表すと「臥薪嘗胆」になります。故事成語の成り立ちも含めて書けるようになっておきたい四字熟語です。

（2）我田引水

「自分の利益になるようにすべての方向性を変える」という直訳から、「水を自分のところだけに引く」という意味を表す「我田引水」を思いつくことができたでしょうか。「利己的なこと」を意味する四字熟語です。

（3）呉越同舟

「同じボートに敵同士が乗っている」という意味から「呉越同舟」という意味になります。故事成語の成り立ちも含めて覚えておきたい四字熟語です。

（4）付和雷同

少し難しかったでしょうか、「付和雷同」とは「自分の意見も持たずに周囲に同調すること」を表します。これを機に覚えておきましょう。

（5）四面楚歌《しめんそか》

漢文の授業で元となる故事を学んだ人もいるかもしれません。「すべての側面を敵に囲まれている」ということから、「四面楚歌」を思いつけたでしょうか。

（6）一石二鳥

一つの事をして二つの利益を得ることをいう四字熟語ですが、実はイギリスのことわざに由来します。元は英語だったのですね。

（7）因果応報

元は仏教の考え方に由来する四字熟語ですが、英語圏にも似た考え方からなることわざが存在します。

（8）十人十色

考え・好み・性質などは、人によってそれぞれ違います。

（9）針小棒大

直訳すると「モグラ塚から山を作るな」であり、小さな問題を大きな問題のように言って大騒ぎすることを戒めることわざです。

（10）本末転倒

直訳すると「馬の前に荷車をつなぐな」です。本来なら馬の後ろにつなぐべき荷車を馬の前につないでしまっては運ぶことができず、まさしく本末転倒と言えるでしょう。

問3

（1）虎穴に入らずんば虎子を得ず。

意味＝危険を避けていては、大きな成功もあり得ないということ。

英文＝Nothing ventured, nothing gained.「冒険しなければ、何も得られない」

虎が住む洞穴に入らなければ中にいる虎の子を捕まえることはできないように、あえて危険を冒さなければ大きな成果を得ることはできない、ということわざです。後漢書に書かれたエピソードに由来します。「No〈名詞A〉, no〈名詞B〉.」は「〈名詞A〉なくして〈名詞B〉なし。」という慣用表現で、CDショップで見かける「No Music, No Life.」のように用いられます。

（2）雨降って地固まる。
意味＝ごたごたや変事のあとでは、前よりも事態がよく収まることのたとえ。

英文＝After the storm comes a calm.「嵐の後には静けさが来る」

雨が降った後にかえって地面が固まるように、もめ事やトラブルが起きた後はそれを乗り越えることで以前よりも基盤のしっかりとした良い状態になる、という意味のことわざです。それを英語では、嵐が過ぎ去った後の空はかえって穏やかな状態になる、と表現します。前置詞句「After the storm」が文頭に倒置され、動詞「comes」が主語「a calm」の前に置かれています。

（3）聞くは一時の恥、聞かぬは一生の恥。
意味＝知らないことを聞くのはそのとき恥ずかしい思いをするだけだが、聞かずに知らないままで過ごせば一生恥ずかしい思いをする。

英文＝Better to ask the way than go astray.「道に迷うより道を尋ねたほうが良い」

道を尋ねるのは恥ずかしいことかもしれませんが、道を尋ねず迷子になるよりましです。「astray」は「道に迷って」という意味の副詞で、「はぐれる、さまよう」を意味する動詞「stray」から派生した単語です。文法構造としては倒置文で、文頭の「It is」が省略されています。

（4）触らぬ神に祟《たた》りなし。（寝た子を起こすな。）
意味＝関係しなければ、災いを招くこともない。傍観的に対処するのが最良である。

英文＝Let sleeping dogs lie.「寝ている犬は寝かせておこう」

寝ている犬をわざわざ起こすことはない、そっとしておこう、という言い回しです。

わざわざ「藪《やぶ》をつついて蛇を出す」必要はない、ということですね。「let〈目的語〉

do」で「〈目的語〉に～させておく」という表現です。

（5）一寸の虫にも五分の魂

意味＝小さな者・弱い者でも、それ相応の意地や感情はもっているから決してばかにしてはならない。

英文＝Even a worm will turn.「虫でさえ反撃する」

　虫でさえ反撃してくるように、虫のように小さく弱い者にだって相応の意地や感情がある、ということわざです。「even～」は極端な例を強調する表現で、多くは「～ですら、～でさえ」と訳されます。「turn」は「回す、ひねる」が意味の中心にある単語ですが、ここでは「反撃する」という意味で用いられています。

（6）船頭多くして船山に登る。

意味＝指図する人が多くて物事がまとまらず、とんでもない方向に進んでゆくこと。

英文＝Too many cooks spoil the broth.「料理人が多すぎてスープが台無しになる」

「船頭」とは船の舵《かじ》取りを統率する責任者です。指示役が多すぎると混乱してまとまらず、しまいには船が山に登るほど見当違いなことになる、ということわざですが、英語では船ではなく厨房《ちゅうぼう》で混乱が起こるようです。brothは「だし汁、薄いスープ」を表す単語で、ひとつのスープを大勢の料理人が好き勝手に調理したら味がまとまらずスープが台無しになってしまう、という表現です。

（7）ちりも積もれば山となる。
意味＝ほんの些細《ささい》なものでも積もれば高大なものとなるたとえ。

英文＝Many drops make a shower.「たくさんの水滴がにわか雨を生む」

　ちりのようにほんの些細なものであっても、数多く積もり重なれば大きなものとなります。それはまさに、小さな水滴がたくさん集まってにわか雨になるのと同じです。

「shower」は日本語の「シャワー」以外にも「にわか雨」という意味を持ち、一般的に「雨」を表す単語「rain」と比べて短時間だけ降る雨を表します。

（8）三人寄れば文殊の知恵。

意味＝平凡な人でも三人が協力すれば、良い知恵が出るものだということ。

英文＝Two heads are better than one.「頭は一つより二つのほうが良い」

　二人の頭脳で考える方が、一人で考えるより良い知恵が出る、ということわざです。「文殊」とは仏教における知恵を司る菩《ぼ》薩《さつ》のことで、三人集まって考えればその文殊ほどに優れた知恵が出るものだ、という言い回しが日本語ではされています。「〈形容詞の比較級〉＋than」の表現によって「Two heads」と比較されていることが明らかなので、「one」の後の「head」が省略されています。

（9）良薬口に苦し

意味＝よく効く薬は苦くて飲みにくい。本当に自分のためを思ってしてくれる忠告は、ありがたいが聞くのがつらいものだ。

英文＝A good medicine sometimes tastes bitter.「良い薬はときどき苦い味がする」

　よく効く薬が苦くて飲みにくいように、本当に自分のためになる忠告の言葉は聞き入れるのがつらいものです。孔子に由来すると言われていることわざですが、英語にも似たような表現があります。「medicine」は不可算名詞です。

（10）隣の芝生は青い

意味：他人のものはなんでもよく見えることのたとえ。

英文：The grass is always greener on the other side of the fence.「フェンスの向こう側の芝生はいつも青い」

　自分の庭の芝生と比べると隣の庭の芝生の方が青々として魅力的に見えるように、自分のものより他人のものの方が良く見えてしまう、という人の心理を言い表したことわざです。英語にも非常に似通ったことわざがあります。「on the other side」は「反対側、向こう側」という意味です。

　いかがでしたか。答えられたところも含めて辞書で調べなおしたりネット検索したりしつつ自分の語彙になるまで繰り返し問いてみてください。

第8章　共通テストの新傾向問題に備える

漢字一字を深く理解する

さて、もう一つおすすめの語彙力アップ法を紹介したいと思います。

それは、「一つの漢字が持っている複数の意味を考える」というものです。

みなさんは、大学入学共通テストを知っていますよね。ちょっと前までは「センター試験」などと言っていましたが、名称が変わったこの共通テスト、大学進学を考えている高校生の方であれば、受ける人がほとんどでしょう。私立大志望でも受験自体はするという人も多いと思います。全国の受験生が受けるものであり、小学校から高校までの勉強の集大成としての問題が出されるということで、多くの学校現場で一つの「指針」になっている、と言っても過言ではないと思います。

そんな入試なのですが、2023年の国語において新しい傾向の問題が出題されたのです。国語の入試で新しい問題が出題されることは本当に少なく、多くの受験関係者にちょっとした衝撃を与えました。

それが、こんな問題です。これは、同じ意味を持つ漢字を選ぶ、という問題です。

次頁の図の(イ)を見てください。「行った」と書いてあるので、「ああ、どこかに「行った」という意味なのであれば、どこかに行くという意味がある「旅行」かな？」と思うかもしれないのですが、この問題が書いてあるページを見ると「――で行った講演で」と書いてあるので、「行った」は「いった」ではなく「おこなった」と読むものであることがわかります。そのためこれは「履行」が正解になります。

これは、「一つの漢字の複数の意味」を理解しているか問うものです。たとえば「実」はリンゴや桃などの「木の実」の「実」という意味もありますが、「実際」とか「実現」とかそういう「リアル」という意味もありますよね。一つの同じ漢字にも複数の意味があり、その複数の意味を使い分けるような問題が出題されたのです。

ちなみに2022年までは、「同じ読み方だけど違う漢字」から当てはまる選択肢一つを選ぶ問題を出題していました。

(ii) 傍線部(イ)・(ウ)と同じ意味を持つものを、次の各群の①～④のうちから、それぞれ一つずつ選べ。解答番号は 4 ・ 5 。

(イ) 行った 4

① 行シン
② 行レツ
③ リョ行
④ リ行

(ウ) 望む 5

① ホン望
② ショク望
③ テン望
④ ジン望

2023年度大学入学共通テスト
国語から抜粋

「Q　芸術を理解する【カンセイ】は次のうちどれ？

「完成」「感性」「歓声」「閑静」「管制」」

　このような問題が出題されていたのです。

　しかし、今年から「同じ漢字の違う意味を問う」という問題も出題されるようになったわけですね。これは僕の考えですが、日本という国の教育において、語彙力の定義が変わってきている、ということなのだと思います。この問題を出題している人たちは、「これからの学生は、同じ漢字・同じ言葉であっても、複数の意味があるということを理解しておく必要がある」と考えているのではないでしょうか。

　現代はネットの普及によって漢字の変換は簡単になっています。「この漢字、どう書くんだっけ」というのがわからない言葉があっても、スマホを使えば検索できますよね。ですから、「ひらがな→漢字」への変換は、昔ほど求められなくなっていると言えるでしょう。

　しかし、漢字自体の意味は理解していないと使えません。ネットがどれだけ発展したとしても、漢字一字に含まれている多くの意味は自分の頭に入れておかないと、正しく変換できないのです。

そこで、漢字の意味の理解、もっと詳しく言えば同じ漢字の違う意味の理解が、これからの語彙力のスタンダードになるのだと思います。

西尾維新という小説家のある作品についてお話ししましょう。西尾維新作品は、人物名や技の名前がとてもかっこよく、そして語彙力を求められることで有名なのですが、その中に「悲鳴伝」という一作があります。この小説は、主人公の名前がとにかくすごいんです。

「空々空」と書いて「そらから　くう」と読みます。

とんでもない名前ですね。僕は小説を読み始めて二度見しました。「なんなんだこの名前?!」と。たしかに、「空」という漢字には「そら」と「から」と「くう」の三つの読み方がありますが、しかしそれをつなげて一つの名前にしてしまうとは。

「空」には、三つの読み方があるように、三つの意味があります。

一つは、「sky」の「そら」ですね。頭上に広がっている場所である「空」です。天に広がる青い「青空」、夏の日差しが眩《まぶ》しい「夏空」、なんていうときの「空」がこれに当てはまりますね。

次に、「内容がないこと、虚《むな》しいこと」という意味です。「から」と読むときはだいたいこれですね。からっぽ、という言葉のイメージを想像してもらえばわかると思います。ものを入れ込む空間が白いままで残っていることを指して「空白」と言いますね。英語で言うと「vacant」とか「space」でしょうか。

実はもう一つ、意味があります。それは、「嘘《うそ》」です。本来存在していないものが、本物かのように存在していることを指します。たとえば本来存在しないはずの音が聞こえてしまうことを「空耳」と言いますが、それは今までの「青空」とか「からっぽ」とかそういう意味ではないですよね。「他人の空似」という言葉は、関係がないのにもかかわらず似ている、「嘘」で似ているという意味になりますよね。

このようにして、「空」という言葉が持つ複数の意味を理解していると、多くの場所で応用できると思います。たとえばみなさんが会社員だったとして、ある日あなたが出社すると、あなたの上司が重苦しい空気を纏《まと》っています。「どうしたんですか？」と聞くと、「お前の同僚のAが、空発注をしていたんだよ」と言ってきました。さて、この時の空発注はどういう意味でしょうか。注文するべき商品を、発注を間違えて実は何も注文していない状態だった、という意味だと捉えることもできるでしょう。

しかし、「空」という語彙をしっかり理解していれば、おそらくもう一つの可能性に気づけると思います。それが、三つ目にご紹介した「空＝嘘」という意味です。「空発注」は、わざと嘘の発注をするという、犯罪行為を指す言葉なのです。上司が重苦しい空気だったのは、おそらくはこっちの理由の方がありえそうですよね。

このように、たった一字の漢字でも、複数の意味を理解していないと、意味を取り違えてしまうことがあるわけですね。一つの言葉の複数の意味を勉強しておくことには大きな意味があるわけです。

古語は語彙力の源泉?!

もう一つ、具体例をあげましょう。みなさんは、「心＝こころ」とはどういう意味の言葉か、説明できますか。おそらく多くの人は、「心」をうまく説明できないんじゃないかと思います。というのも、「心」ってかなりいろんな意味がある言葉だからです。「きっと彼は、心の中で、こう思っていただろう」というような、「本心」を意味する場合もありますね。「こういうことを言うのは心苦しいんだけど」というような「感情」を意味する場合もあります。

もっと全然違う意味で、「僕には空手の心得があります」というような「何かに精通していること」を意味する場合もあります。

「心」について、昔は「感情と人の考えを司《つかさど》っている身体の器官」のことだと考えられていました。「脳」で物事を考えるという考えが薄かったため、「心」という架空の器官は、「感情」だけでなく「人の考え方・考えていること・思考」または「その人が知っていること・習得していること・知識」なども含めて「心」が管理していると解釈されていたと言います。それが理由なのか、古文単語には、「こころ○○」という言葉がたくさんあります。「こころにくし」「こころあり」「こころづきなし」「こころう」「こころおとり」「こころまさり」「こころぐるし」「こころゆく」「こころもとなし」「こころとどむ」などなど、10個以上存在します。説明しておきましょう。

・こころにくし→心憎し＝「奥ゆかしい」「心がひかれる」「上品で美しい」「恐ろしい」「怪しい」「いぶかしい」

・こころあり→心有り＝「情けがある」「情緒を解する」「分別がある」「裏切る心がある」「下心がある」

・こころう→心得＝「理解する」「精通する」「心得がある」「引き受ける」「承知する」

・こころおとり→心劣り＝「予想外に劣っていると感じられること」「幻滅」

・こころぐるし→心苦し＝「かわいそうだ」「気の毒だ」「やりきれない」「心に苦しく思われる」

・こころづきなし→心付き無し＝「気に食わない」「好きになれない」「心引かれない」

・こころもとない→心許なし＝「じれったい」「不安で落ち着かない」「気がかりだ」「ほのかだ」「ぼんやりしている」「かすかだ」

・こころゆく→心行く＝「満足する」「気持ちが良い」「心がせいせいする」

これらの「こころ」系の言葉が形を変えて、今の「こころ」という言葉に凝縮されているからこそ、現代の「心」はややこしいほどの意味を持っているわけです。先ほど、翻訳についてお話ししましたが、古文単語から現代語への「翻訳」もまた、語彙力を上げてくれると思います。古文単語の「こころ」系の言葉を理解していれば、今の「心」の使い方をしっかりと理解できるわけです。古文単語を理解することは、今の言葉を理解することにかなりつながっていると言っていいでしょう。

漢字一字が持つ複数の意味を理解する問題

ということで、「空」や「心」がどんな意味を持っている言葉なのか、もっと言えば過去にはどんなふうに使われていたのか、英語でいうとどういう意味になるのか、考えていくことが語彙力につながっていくわけです。ここでは、共通テストと同じように、問題の意味と同じ意味で漢字が使われている熟語を選ぶ問題を用意しました。ぜひこれを解いて語彙力をアップしてもらえればと思います。

問題

問1「アン直な発想」の「アン」と同じ意味で「アン」が使われている熟語を選べ
①アンイ ②アンタイ ③アンシン ④アンカ

問2「カク策する」の「カク」と同じ意味で「カク」が使われている熟語を選べ
①カクテイ ②ケイカク ③カクスウ ④カイガ

問3「ケイ営する」の「ケイ」と同じ意味で「ケイ」が使われている熟語を選べ
①ケイド ②ケイユ ③シャキョウ ④ケイザイ

問4「ジュウ税を課される」の「ジュウ」と同じ意味で「ジュウ」が使われている熟語を選べ

①カジュウ　②ソンチョウ　③ヤエ　④ジュウセキ

問5「献ジョウする」の「ジョウ」と同じ意味で「ジョウ」が使われている熟語を選べ

①ジョウエン　②ジョウシツ　③ジョウノウ　④ジョウラク

問6「チョウ理する」の「チョウ」と同じ意味で「チョウ」が使われている熟語を選べ

①チョウワ　②コウチョウ　③タンチョウ　④チョウサ

問7「共ツウする要素」の「ツウ」と同じ意味で「ツウ」が使われている熟語を選べ

①ツウロ　②ツウガク　③ツウセツ　④ツウホウ

問8「ド量がある男」の「ド」と同じ意味で「ド」が使われている熟語を選べ

①イド　②シャクド　③マイド　④ドキョウ

問9「異なるホウ法」の「ホウ」と同じ意味で「ホウ」が使われている熟語を選べ
①ホウガク　②チホウ　③ホウガン　④ホウサク

問10「兵エキ」の「エキ」と同じ意味で「エキ（ヤク）」が使われている熟語を選べ
①シエキ　②クエキ　③ワキヤク　④ヤクショク

問11「ユウ説する」の「ユウ」と同じ意味で「ユウ」が使われている熟語を選べ
①ユウキョウ　②ユウミン　③ユウラン　④ユウボク

問12「リ用する」の「リ」と同じ意味で「リ」が使われている熟語を選べ
①エイリ　②ベンリ　③リエキ　④リハツ

問13「ワ音を奏でる」の「ワ」と同じ意味で「ワ」が使われている熟語を選べ
①オンワ　②ワカ　③チョウワ　④ワカイ

解答・解説

問1　①

問題の漢字＝安（安直な発想）

「たやすい、かんたんである」という意味。

選択肢の漢字とその意味

①安易「たやすい、かんたんである」

②安泰「やすらかで落ち着いている」

③安心「やすらかで落ち着いている」

④安価「値段がやすい」

この「安」という漢字は女性が家の中にいる様子をかたどった文字で、「安らかで落ち着いているさま」（安泰、安心、安全）を表しています。それ以外にも、「値段がやすい」（安価）の意も有しており、ひらがなの「あ」の由来となった漢字でもあります。「安直」とは十分に考えたり手間をかけたりしないことであり、①の「安易」と同じ意味で使われています。

問2　②

問題の漢字＝画（画策する）

「はかりごと」という意味。

選択肢の漢字とその意味

①画定「線を引いて境をつける」

②計画「はかりごと」

③画数「線や点のこと。ここでは漢字を構成する一筆分を指す」

④絵画「線や点のこと。ここではそれを用いて作られた絵のこと」

この「画」という漢字は田畑の区切りを由来とする文字で、「区切る」（画定、画一）の意を持ち、「漢字を構成する一筆分の線や点を数える単位」（画数）にも用いられています。また、そこから線を引いたり点を書いたりするもの＝「画用紙」などの言葉にも用いられるようになりました。「絵画」は、「絵」という似た意味の漢字を二つ並べてできた熟語といえます。さらにそこから、頭の中で絵画を書くように計画を立てる、という派生系の言葉ができたと言われています。問題の「画策」は、（頭の中で絵画を書くように）計画を立てその実現に努めることであり②の「計画」と同じ意味で使われています。

問3　④
問題の漢字＝経（経営する）
「おさめる、営む」という意味。
選択肢の漢字とその意味
①経度「縦糸、南北の方向」
②経由「通り過ぎる、へる」
③写経「経典」
④経済「おさめる、営む」
この「経」という漢字は、もとは機織りの「縦糸」から「たてのすじ、上下や南北を

むすぶ線」（経度、経線）を表します。そこから転じて「筋道をたどる、へる」（経由、経過）や「つねに変わらない」（経常、経費）、「普遍の真理を解いた書物」（写経、経典）と意味が広がっています。経済の「経」は、「おさめる、営む」という意味です。筋道をたどって、物事をうまく運営することを「経」という漢字で表すようになったのです。そして「経営」とは組織を整えて目的を達成するよう持続的に事を行うことなので、④の「経済」と同じ意味で使われていると言えます。

問4　④
問題の漢字＝重（重税を課される）
「程度が甚だしい、容易でない」という意味。
選択肢の漢字とその意味
①荷重「目方がおもい」
②尊重「大切にする、おもんじる」
③八重「かさなる」

④重責「程度が甚だしい、容易でない」
基本的には、「重い」という意味が根本にあります。重量が重い、荷物が重い……物理的に何かが重い（荷重、重量）という意が基本にあって、そこから違うものの重さに派生していきます。「大切にする、おもんじる」（尊重・重視）、「かさなる」（八重・重複）、「程度が甚だしい」と意味が広がっています。「重税」において重いのは負担の程度であり、④の「重責」と同じ意味で使われています。

問5　③
問題の漢字＝上（献上する）
「差し出す、たてまつる」という意味。
選択肢の漢字とその意味
①上演「おおやけの場に出す」
②上質「品質がうえである」
③上納「差し出す、たてまつる」

④上洛《じょうらく》「中央の地に出る」

この「上」という漢字は、漢字の由来としては数少ない、物事の状態を点や線で表現した「指示文字」です。基本となる「うえ」（上空、上質）の意から「あげる、のぼる」（上昇、向上、上陸）、「おおやけの場に出す」（上演、上梓《じょうし》）、「中央の地に出る」（上洛、上京）を表します。高速道路や新幹線の「のぼり」「くだり」は、東京に行くかその逆かを表す言いかたです。「献上」とは身分の高い人に物をさしあげることであり、③の「上納」と同じ意味で使われています。

問6 ①

問題の漢字＝調（調理する）

「つりあいがとれる、ととのう」という意味。

選択肢の漢字とその意味

①調和「つりあいがとれる、ととのう」

②好調「物事のぐあい」

③短調「音楽の性質」
④調査「取りしらべる」
もとは「つりあいがとれる、ととのう」というのが根本的な意味です。そこから「物事のぐあい」（好調、順調）、「音楽や詩の性質」（短調、曲調）、またはつりあいをとるために「取りしらべる」（調査、調書）と意味が広がっています。律令制下の租税制度「租庸調」における「調」とは、主にその土地の特産物を納めるものでした。そして、「調理」とは食品を料理することです。味などをととのえて、おいしいものを作る行為なわけですね。だから①の「調和」と同じ意味だと言えます。

問7　③
問題の漢字＝通（共通する要素）
「全体に行き渡る」という意味。
選択肢の漢字とその意味
①通路「とおり抜ける」

②通学「ある場所に行き来する、かよう」
③通説「全体に行き渡る」
④通報「言葉や情報を相手に伝える」
基本となる「まっすぐにつきとおる」（通路、通行）という意味から、「ある場所に行き来する、かよう」（通学、通勤）「言葉や情報を相手に伝える」（通報）、「最初から最後までとおす」（通読、通夜）と意味が広がっています。そしてそこから、「全体的に行き届くこと」を指すのにも「通」の字が使われています。「共通」とはどれにもあてはまって通用することですので、③の「全体的に行き届くこと」の意味になります。これは、広くその説が知られていることなので、「通説」と同じ意味だと言えますね。

問8　④
問題の漢字＝度（度量がある男）
「言動や心の様子」という意味。
選択肢の漢字とその意味

①緯度「目盛り、またその数値」
②尺度「物事の基準、手本」
③毎度「たび、回数」
④度胸「言動や心の様子」

　この「度」という漢字は、もとは手でものをはかる意を表す文字でした。「たび、回数」（毎度、頻度）が根本的な意味なわけですね。そこから転じて「目盛り、またその数値」（緯度、温度）、「みつもる、推しはかる」（忖度《そんたく》）という意味が生まれました。さらに、「制度」という言葉もありますね。社会的に公認され、定型化されているきまりや慣習のことを指しています。同じように、「尺度」という言葉は、「目盛り、数値」という意味のほかに、「物事の基準、手本」という意味で使われます。これはちょっと難しいかもしれませんが、僕は、これは「社会的な常識の値・基準値」のようなものがあって、その度合いにきちんと当てはまることができるか、ということを測るものなのではないかと思っています。そしてここから、相手の懐の深さを測るという意味で「度」という漢字が使われるようになりました。「度量」という言葉がありますが、「言動や心の深さ」を指す言葉になったわけですね。度胸、態度といった言葉がこれにあたります。ということで、正解は④です。

問9　④

問題の漢字＝方（異なる方法）

「やりかた」という意味。

選択肢の漢字とその意味

①方角「起点からの直線の向き」

②地方「中心から四方に延び出た土地」

③方眼「四角」

④方策「やりかた」

「方」で方法という言葉がパッと浮かぶと思いますが、これは「やりかた」という意味ですね。それ以外にも、「起点からの直線の向き」（方角、方向）という意味から転じて、「中心から四方に延び出た土地」（地方）や「四角」（方眼、立方）を表します。鴨長明《かものちょうめい》の随筆『方丈記』の題名でも「方」が使われていますが、筆者が一丈四方（約3メートル四方）の土地に庵《いおり》を結び、そこで書かれたことに由来します。「方法」とはある目的を達するためのやりかたであり、④の「方策」と同じ意味で使われています。

問10　②

問題の漢字＝役（兵役から戻る）

「割り当てられたつらい仕事」という意味。

選択肢の漢字とその意味

①使役「つかう、つかわれる」

②苦役「割り当てられたつらい仕事」

③脇役「劇や映画における出演者の受け持ち」

④役職「責任を持ってあたる任務」

この「役」という漢字は、武器である「殳（ほこ）」を手にして国境を警戒することを表した文字で、転じて「割り当てられたつらい仕事」や「責任を持ってあたる任務」

（役職、重役）、「つかう、つかわれる」（使役、役牛）、「いくさ」（戦役）という意味を持ちます。「劇や映画における出演者の受け持ち」（脇役、役者）を表すこともあります。「兵役」とは一定期間軍務につくことであり②の「苦役」と同じ意味で使われています。

問11　③

問題の漢字＝遊（遊説する）

「あちこち出歩く」という意味。

選択肢の漢字とその意味

①遊興「楽しみにふける」

②遊民「働かない、使われない」

③遊覧「あちこち出歩く」

④遊牧「位置を定めず自由に動き回る」

「ゆうぜい」と読みます。この「遊」という漢字は、「楽しみにふける」（遊興、遊芸）という意味のほかに、「働かない、使われない」（遊民、遊休地）や「位置を定めず自由に動きまわる」（遊牧、遊軍）という意味も表します。ちなみに、機械が壊れないように余裕を持たせておく部分のことを「遊び」と言いますが、これは英語でも「play」と表現されます。日本語でも英語でも同じ表現をするのって面白いですよね。そして、「遊説」とは各地を演説してまわることであり、③の「遊覧」と同じ意味で使われています。

問12　②
問題の漢字＝利（利用する）
「物事が都合よく運ぶこと、好都合」という意味。
選択肢の漢字とその意味
①鋭利「鋭い、よく切れる」
②便利「物事が都合よく運ぶこと、好都合」
③利益「うまく事を運んで得たもの、もうけ」
④利発「頭の回転が早い、かしこい」

この「利」という漢字は刀と禾（いね）からなり、すきで田畑を耕作することから「鋭い、よく切れる」（鋭利）や「うまく事を運んで得たもの、もうけ」（利益、利権）を意味します。そこから転じて、「頭の回転が早い、かしこい」（利発、利口）という意味でも用いられています。「利用」とは物の機能・利点を生かして用いることであり、②の「便利」と同じ意味で使われています。

問13　③

問題の漢字＝和（和音を奏でる）
「性質の異なるものが一緒にとけあう」という意味。
選択肢の漢字とその意味
①温和「やわらぐ、おだやか」
②和歌「日本」
③調和「性質の異なるものが一緒にとけあう」
④和解「争いのない状態」

この「和」という漢字は、人の声に合わせ応じることから、「やわらぐ、おだやか」（温和、柔和）や「争いのない状態」（平和、和議）を表します。また、「二つ以上の数を合わせたもの」（総和）や「日本」（和歌、和食）を表すこともあります。足し算の合計を「和」と言いますよね。そしてもう一つは、「調和・ハーモニー」のことを表します。「和音」とは高さの異なる二つ以上の音が同時に鳴ることによって生ずる音響であり、③の「調和」と同じ意味で使われています。


さて、ＰＡＲＴ３はいかがだったでしょうか。

私が思うに、こうした語彙力の広がりを理解していくことは、多くの場合において非常に楽しく感じられるものだと思います。「へえ、こんな言葉があるんだ」「日本語のこの言葉って、英語だとどうなるんだろう」と考えていく過程で得られる多くの発見は、知的好奇心をくすぐられるすばらしいものだと感じます。

語彙力を高める過程で、「なんだか楽しいな」と感じてもらえれば、きっとみなさんはどんどん自分から語彙力をつけていくことができるのではないかと思います。

おわりに

ここまでお読みいただき、ありがとうございました！

最初に僕は、「語彙力を勉強するなら今がその時だ」とお話ししました。みなさんがこのページを読んでいるということは、その語彙力をある程度身に付けられたということです。みなさん、おめでとうございます。

いかがでしたでしょうか。おそらくですが、この本を読む前と、読んだ後の今とでは、世界が違って見えると思います。人の話を聞いているときに、「あ、この人は「信頼」という言葉を使ったということは、自分の未来に対して希望を持ってくれているんだな」と感じられるようになったでしょう。外国の映画を観ているときの日本語字幕を読んで、「あ、このシーンはこんなふうに訳すのか。面白いな」と感じられるようになったと思います。本を読んでいるとき、音楽を聞いているとき、ゲームをしているとき……いろんなタイミングで、語彙力を使って、面白さを感じることができる瞬間があるはずです。僕のエピソードで言えば、ポケモンというゲームがとても楽しくなりました。「フワライドというポケモンって、四字熟語の付和雷同とつながりがあるのかも」「いつも叫んでいるドゴームってポケモン、怒号という言葉とつながりがあるのかも」なんて、ポケモンを遊んでいるときにも言葉の知識があると、よりそのゲームを面白く感じることができるのです。

「なんで勉強なんてしなきゃならないんだ！」

と思う人は多いと思います。そして、勉強をした方がいい理由はたくさんあります。学校のテストでいい点を取るため、受験で良い大学に行くため、将来お金持ちになるため、人からだまされないようになるため……。

でも、僕が考える一番の理由は、「そのほうが楽しいから」だと思うんですよね。たしかに、勉強をしなくても生きていくことはできます。英語を使わない人生を送るなら英語の勉強はいらないでしょう。理数系の仕事に就かないのであれば数学や理科の知識を使わない人生を送ることになるかもしれません。

でも、もっとシンプルに、勉強をしておいた方が楽しめる瞬間が多いんですよね。みなさんだって、この本で出てくる問題を解いている時、楽しくなかったですか？「人間失格って、英語ではなんて訳すんだろう？」「食料と食糧って、たしかにどっちもスーパーで見かける気がするけど、どういう違いがあるんだろう？」と考えて、考えている時間も、答えを読む時間も、楽しさを感じませんでしたか？「楽しい」と１ミリでも感じてもらえたのであれば、みなさんは勉強を楽しめる人だと思います。

僕、学生の時、とても不思議だったんですよね。「なんで勉強できる子は、何時間も、こんなにつまらないことができるんだろう」と。でも、東大に行くための勉強を繰り返す中である日気づいたんです。「ああ、単純にあいつらは、勉強が楽しいからやっていたんだな」と。楽しいから、何時間でも勉強できる。

というか、普段の日常生活から勉強になっていく。ゲームをしていても漫画を読んでいても、勉強で楽しむことができる。だからみんな、あんなに何時間も勉強しても飽きなくて、その結果としてどんどん頭がよくなっていったのです。

そして、勉強をもっと楽しむために行く場所が、大学なのではないかと思います。僕は東大に合格してみて一番感謝しているのは、ただただ単純に、自分よりも頭のいい友達ができたことです。会話しているだけで楽しくて、みんな知らないことを教えてくれるので、普通に話している時から勉強になります。

この、「勉強を楽しめるようになるための第一歩」が、語彙力なのだと思います。言葉の力が身につけば、教科書に書いてあることも、先生のいうことも、よりクリアになって、より理解しやすくなると思います。この本が、あなたの「勉強を楽しめるようになるきっかけ」になれば、こんなにうれしいことはありません。

ちくまプリマー新書

197
キャリア教育のウソ
児美川孝一郎
この十年余りで急速に広まったキャリア教育。でも、正社員になればOK？　やりたいこと至上主義のワナとは？　振り回されずに自らの進路を描く方法、教えます。

277
先生は教えてくれない大学のトリセツ
田中研之輔
大学の4年間どうやって過ごしますか？　なんとなく講義を受けているだけではもったいない。卒業後どう生きるか目標をもって、大学を有効利用する方法を教えます。

339
若い人のための10冊の本
小林康夫
本とは、世界の秘密へと通じる扉の鍵を、私たちに与えてくれるもの。いったいどんな読書をすれば、そこに辿りつけるのか？　あなただけにこっそり教えます。

424
偏差値45からの大学の選び方
山内太地
「有名大に行きたい」と思うけれど、合格するのは上位数%だけ。だから重要なのは「第2志望」の選び方を知ること。足りないのは努力でもお金でもなく情報だ！

439
勉強ができる子は何が違うのか
榎本博明
学力向上のコツは「メタ認知」にある。自分自身を客観的に認識する能力はどのようにして鍛えられるのか？　勉強ができるようになるためのヒントを示す。

ちくまプリマー新書

224 型で習得！　中高生からの文章術　樋口裕一

小論文・作文・読書感想文・レポート・自己ＰＲ書など、学校や受験で必要なあらゆる種類の文章を簡単に書くコツを「小論文の神様」の異名を持つ著者が伝授。

263 新聞力——できる人はこう読んでいる　齋藤孝

記事を切り取り、書きこみ、まとめる。身体ごとで読めば社会を生き抜く力、新聞力がついてくる。効果的なメソッドを通して、グローバル時代の教養を身につけよう。

278 大人を黙らせるインターネットの歩き方　小木曽健

「ネットは危険！」「スマホなんて勉強の邪魔」？　そんなお説教はもうたくさん！　大人も知らない無敵の「ネットの歩き方」——親と先生にはバレずに読もう。

299 本質をつかむ聞く力——ニュースの現場から　松原耕二

真偽不明の情報が溢れる今の時代、都合のいいことだけを声高に言う人やフェイクニュースに惑わされないために、本質を見極め、真実の声を聞くことが大切だ。

432 悪口ってなんだろう　和泉悠

悪口はどうして悪いのか。友だち同士の軽口とはなにが違うのか。悪口を言うことはなぜ面白い感じがするのか。言葉の負の側面から、人間の本質を知る。

ちくまプリマー新書 443
東大生《とうだいせい》と学《まな》ぶ語《ご》彙力《いりょく》

二〇二三年一二月一〇日　初版第一刷発行

著者　西岡壱誠（にしおか・いっせい）
装幀　クラフト・エヴィング商會
発行者　喜入冬子
発行所　株式会社筑摩書房
東京都台東区蔵前二‐五‐三　〒一一一‐八七五五
電話番号　〇三‐五六八七‐二六〇一（代表）
印刷・製本　株式会社精興社

ISBN978-4-480-68467-7 C0281　Printed in Japan